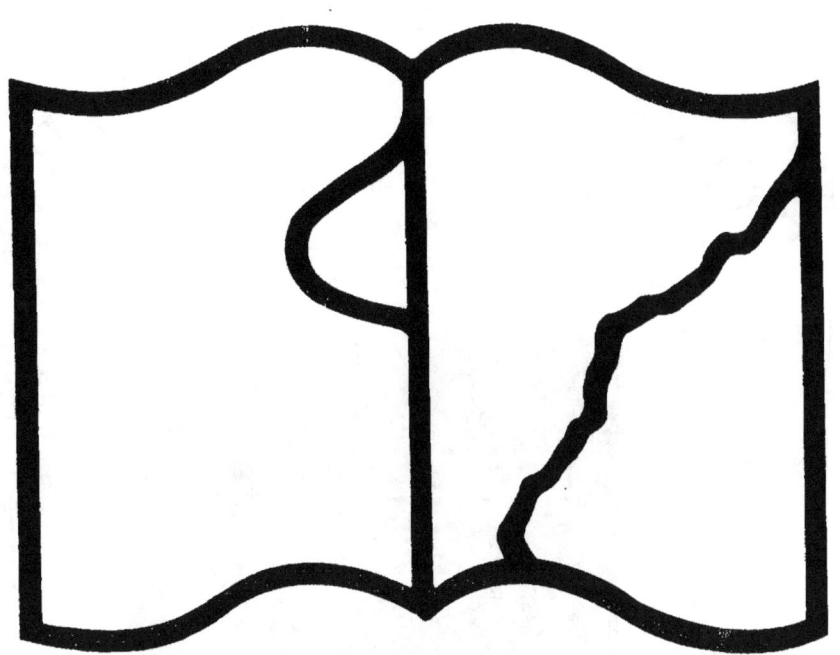

Texte détérioré — reliure défectueuse

NF Z 43-120-11

Pour faire suite aux ROMANS NATIONAUX

ERCKMANN-CHATRIAN

CONTES ET ROMANS POPULAIRES

CONTES DES BORDS DU RHIN

Le Trésor du Vieux Seigneur.
Mon illustre ami Selsam. — La Pêche miraculeuse. — La Voleuse d'Enfants.
Le Blanc et le Noir.
Le cabaliste Hans Weinland. — Le Requiem du Corbeau. — Le Chant de la Tonne.

ILLUSTRÉS DE 20 DESSINS PAR LÉON BENETT

ŒUVRES COMPLÈTES
ILLUSTRÉES

ROMANS
NATIONAUX

Le Conscrit
de 1813
Madame Thérèse
ou les
Volontaires de 92
L'Invasion
Waterloo
L'Homme du peuple
Le Blocus
La Guerre

HISTOIRE
DE LA
RÉVOLUTION
FRANÇAISE
RACONTÉE
PAR UN PAYSAN
1789 à 1815

ŒUVRES COMPLÈTES
ILLUSTRÉES

ROMANS
POPULAIRES

L'illustre
Docteur Mathéus
Hugues le Loup
Maître
Daniel Rock
Contes
des
Bords du Rhin
L'ami Fritz
Confidences
d'un
Joueur de Clarinette
La
Maison forestière
Le Juif Polonais

CONTES ET ROMANS
ALSACIENS

Histoire
du
Plébiscite
Histoire
d'un
Sous-maître
Les Deux Frères
Le
Brigadier Frédéric
Une Campagne
en Kabylie
Maître
Gaspard Fix

En préparation :
SOUVENIRS D'UN ANCIEN CHEF DE CHANTIER

PARIS
J. HETZEL ET Cⁱᵉ, ÉDITEURS, 18, RUE JACOB

7ᵉ Série.   Tous droits de traduction et de reproduction réservés.   Prix : 1 fr. 30 c.

ILLUSTRATIONS DE LÉON BÉNET.

CONTES DES BORDS DU RHIN

PAR

ERCKMANN-CHATRIAN

M. Furbach fut surpris du travail bizarre de cette relique. (Page 2.)

LE TRÉSOR DU VIEUX SEIGNEUR

Une nuit du mois de septembre 1828, le digne et respectable libraire Furbach, de la rue Neuhauser, à Munich, s'éveilla tout étonné d'entendre marcher dans la mansarde au-dessus de sa chambre : on allait, on venait, on se lamentait ; une des lucarnes en tabatière de la mansarde s'ouvrit, et de longs soupirs s'exhalèrent dans le silence.

En ce moment, la chapelle des jésuites sonnait une heure, et sous la chambre de M. Furbach, les chevaux piétinaient dans leur écurie.

La mansarde était occupée par le cocher Nicklausse, un grand gaillard du Pitcherland, sec, nerveux, fort habile à conduire les chevaux, ayant même fait quelques études au séminaire de Marienthâl; mais d'un esprit simple et superstitieux, à ce point qu'il portait une petite croix de bronze sous sa chemise et la baisait matin et soir, quoiqu'il eût passé trente ans.

M. Furbach prêta l'oreille; au bout de quelques secondes la lucarne se referma, les pas cessèrent, le lit du cocher cria, enfin tout se tut.

« Allons, se dit le vieux libraire, c'est aujourd'hui pleine lune; Nicklausse se frappe la poitrine; il gémit sur ses péchés, le pauvre diable ! »

Et sans s'inquiéter davantage de ces choses, s'étant retourné, bientôt il s'endormit.

Le lendemain, vers sept heures, M. Furbach, les pieds dans ses pantoufles, déjeunait tranquillement avant de descendre à son magasin, lorsque deux petits coups retentirent à sa porte.

« Entrez ! » dit-il tout surpris d'une visite si matinale.

La porte s'ouvrit, et Nicklausse parut en blouse grise, coiffé du large feutre montagnard, et le gros bâton de cormier au poing, tel qu'il s'était présenté jadis en arrivant de son village. Il était pâle.

« Monsieur Furbach, dit-il, je viens vous demander mon congé; grâce au ciel, je vais enfin être à mon aise et pouvoir aider ma grand'mère Orchel, de Vangebourg.

—Auriez-vous fait un héritage? lui demanda le vieux libraire.

—Non, Monsieur Furbach, j'ai fait un rêve : j'ai rêvé d'un trésor, entre minuit et une heure, et je vais mettre la main dessus. »

Le brave garçon parlait avec une telle assurance, que M. Furbach demeura confondu.

« Comment, vous avez fait un rêve? dit-il.

—Oui, Monsieur, j'ai vu le trésor comme je vous vois, au fond d'une cave très-basse, dans un vieux château. Il y avait un seigneur couché dessus, les mains jointes, un gros pot de fer sur la tête.

—Mais où cela, Nicklausse?

—Ah! je n'en sais rien. Je vais d'abord chercher le château; je trouverai bien ensuite la cave et les écus : des pièces d'or plein un cercueil de six pieds; il me semble les voir. »

Les yeux de Nicklausse se prirent à briller d'une façon étrange.

« Voyons, mon pauvre Nicklausse, voyons! s'écria le vieux Furbach, soyons raisonnable. Asseyez-vous. Un rêve... c'est bien, c'est très-bien; du temps de Joseph, je ne dis pas, les rêves signifiaient quelque chose; mais aujourd'hui, c'est bien différent. Tout le monde rêve; moi-même j'ai rêvé cent fois de trésor, et malheureusement je n'en ai jamais trouvé. Réfléchissez, vous allez quitter une bonne place, pour courir après un château qui n'existe peut-être pas.

—Je l'ai vu, dit le cocher, c'est un grand château qui tombe en ruine; il y a au-dessous un village, un grand escalier en coquille, une église très-vieille; beaucoup de gens demeurent encore dans ce pays, une grande rivière passe auprès.

—Bon ! tout cela vous l'avez rêvé, je le crois, » dit M. Furbach en haussant les épaules.

Puis, au bout d'un instant, voulant ramener cet homme au bon sens, par un moyen quelconque :

« Et votre cave, comment était-elle ? demanda-t-il.

—Elle ressemblait à un four.

—Et vous y êtes descendu sans doute avec une lumière.

—Non, Monsieur.

—Mais alors, comment avez-vous pu voir le cercueil, le chevalier et les pièces d'or?

—Ils étaient éclairés par un rayon de la lune.

—Allons donc!... est-ce que la lune brille dans une cave? Vous voyez bien que votre rêve n'a pas le sens commun. »

Nicklausse commençait à se fâcher; cependant il se contint et dit :

« Je l'ai vu, tout le reste ne me regarde pas. Et quant au chevalier, tenez, le voilà, s'écria-t-il en ouvrant sa blouse, le voilà ! »

En même temps, il tirait de sa poitrine la petite croix de bronze suspendue par un ruban, et la déposait sur la table d'un air d'extase.

M. Furbach, grand amateur de médailles et d'antiquités, fut surpris du travail bizarre et vraiment précieux de cette relique. Il la prit, l'examina, et reconnut qu'elle remontait au XIIe siècle. Au lieu de l'effigie du Christ, saillait en relief, sur la branche du milieu, celle d'un chevalier, les mains jointes dans l'attitude de la prière. Du reste, aucun millésime n'en précisait la date.

Nicklausse, pendant cet examen, suivait les moindres gestes du libraire avec inquiétude.

« C'est fort beau, reprit M. Furbach; je ne serais même pas étonné qu'à force de regarder cette jolie relique, vous n'ayez fini par vous figurer un chevalier étendu sur un trésor; mais croyez-moi, mon garçon, le véritable trésor qu'il faut rechercher est celui de la croix; le reste ne vaut pas la peine qu'on en parle. »

Nicklausse ne répondit pas, seulement, après avoir passé le cordon à son cou, il dit :

« Je pars, la sainte Vierge m'éclaire!... Quand le Seigneur nous veut du bien, il faut en profiter. Vous m'avez toujours bien traité, monsieur Furbach, c'est vrai, mais le bon Dieu m'ordonne de partir. Et puis, il est temps que je me marie : j'ai vu là-bas, dans mon rêve, une jeune fille faite exprès pour moi.

— Et de quel côté allez-vous? demanda le libraire, qui ne put à la fin s'empêcher de sourire d'une pareille simplicité.

— Du côté d'où vient le vent, répondit Nicklausse, c'est le plus sûr.

— Vous êtes bien décidé?

— Oui, Monsieur.

— Très-bien, nous allons régler votre compte. Je regrette un aussi bon serviteur que vous, mais je me ferais un véritable scrupule de résister à votre vocation. »

Ils descendirent ensemble au bureau de la librairie, et, après vérification faite de ses registres, M. Furbach compta deux cent cinquante florins d'Autriche à Nicklausse, restant de ses gages, y compris les intérêts depuis six ans. Après quoi le digne homme lui souhaita bonne chance et se pourvut d'un autre cocher.

Longtemps le vieux libraire raconta cette étrange histoire; il riait beaucoup de la naïveté des gens du Pitcherland, et les recommandait à ses amis et connaissances comme d'excellents serviteurs.

Quelques années après, M. Furbach ayant marié sa fille, Mlle Anna Furbach, au riche libraire Rubeneck, de Leipzig, se retira des affaires. Mais il avait tellement contracté l'habitude du travail, que, malgré ses soixante-dix ans, l'inaction lui devint bientôt insupportable. C'est alors qu'il fit plusieurs voyages en Italie, en France, en Belgique.

Vers les premiers jours d'automne, en 1838, il visitait les bords du Rhin. C'était un petit vieillard à l'œil vif, aux pommettes colorées, à la démarche encore ferme. On le voyait se promener sur le pont du bateau, le nez en l'air, la redingote boutonnée, un parapluie sous le bras, le bonnet de soie noire tiré sur les oreilles, causant, s'informant de tout, prenant des notes et consultant volontiers le Guide des voyageurs.

Un matin, entre Frisenheim et Neubourg, après avoir passé la nuit au salon du dampschiff avec trente autres voyageurs, femmes, enfants, touristes, commerçants, étendus pêle-mêle sur les banquettes, M. Furbach, heureux d'échapper à cette étuve, monta sur le pont au petit jour.

Il était environ quatre heures du matin, une brume épaisse couvrait le fleuve; le flot mugissait, la machine clapotait lourdement, quelques lumières lointaines tremblotaient dans le brouillard, et parfois d'immenses rumeurs s'élevaient dans la nuit : la voix du vieux Rhin, dominant le tumulte, racontait l'éternelle légende des générations éteintes, les crimes, les exploits, la grandeur et la chute de ces antiques margraves, dont les repaires commençaient à se dessiner du milieu des ténèbres.

Appuyé contre la machine, le vieux libraire regardait défiler ces souvenirs d'un œil rêveur. Le chauffeur, le mécanicien allaient et venaient autour de lui; quelques étincelles volaient dans l'air, un fanal se balançait au bout de sa corde; la brise jetait sur l'avant des flocons d'écume. D'autres voyageurs se glissaient alors de la soupente comme des ombres.

M. Furbach, ayant tourné la tête, aperçut un sombre amas de ruines sur la rive droite du fleuve, des maisonnettes étagées au pied de vastes remparts; un pont volant balayait la vague écumeuse de sa longue corde traînante.

Il s'avança sous le fanal, ouvrit son guide et lut :

« VIEUX-BRISACH, *Brisacum* et *Brisacus mons*, « fondé par Drusus; autrefois la capitale du « Brisgau, passait pour l'une des plus fortes « villes d'Europe : la clef de l'Allemagne. Bernard V de Zœhringen en éleva le château « fort. — Frédéric Barberousse y fit transporter, dans l'église de Saint-Étienne, les reliques de saint Gervais et de saint Protais. — « Gustave Horn, Suédois, tenta de la prendre « en 1633, après avoir remporté de grands « avantages sur les Impériaux : il échoua. — « Brisach fut cédé à la France par le traité de « Westphalie; il fut rendu à la paix de « Riswick, en échange de Strasbourg. — Les « Français le brûlèrent en 1793; les fortifications en furent démolies en 1814. »

« Ainsi, se dit-il, voici le Vieux-Brisach des comtes d'Eberstein, d'Osgau, de Zœhringen, de Souabe et d'Autriche; je ne puis laisser passer cela sans le voir. »

Quelques instants après, il se faisait descendre avec son bagage dans une barque, et le dampschiff poursuivait sa route vers Bâle.

Il n'est peut-être pas, sur les deux rives du Rhin, de site plus étrange que l'antique capitale du Brisgau, avec son château démantelé, ses murailles de mille couleurs, en briques, en moellons, en torchis, étalées à cent cinquante mètres au-dessus du fleuve. Ce n'est plus une ville, et ce n'est pas encore une ruine. La vieille cité morte est envahie par des centaines de chaumières rustiques, qui se pressent alentour, qui grimpent à ses bastions, qui s'accrochent à ses fissures, et dont la population hâve, déguenillée, pullule comme les maringouins, les moustiques, les mille insectes à tenailles, à tarières qui se nichent dans les vieux chênes, les creusent, les dissèquent et les réduisent en poudre.

Au-dessus des toits de chaume étagés contre les remparts, s'ouvre encore la porte du fort avec sa voûte armoriée, ses herses et son pont-levis suspendu sur l'abîme. De larges brèches laissent couler les décombres autour de la côte ; la ronce, la mousse, le lierre joignent leurs efforts destructeurs à ceux de l'homme : tout descend, tout s'en va!

Quelques ceps de vigne s'emparent des créneaux ; le pâtre et sa chèvre se posent fièrement sur les corniches, et, chose bizarre, les femmes du village, les jeunes filles, les vieilles commères montrent leurs visages naïfs par mille ouvertures pratiquées dans les murailles du château : chaque cave de l'ancienne forteresse est devenue un logis commode, il a suffi d'ouvrir des fenêtres et des lucarnes aux remparts. On voit les chemises, les robes rouges ou bleues, les guenilles de tous ces ménages flotter à la cime des airs, leurs eaux grasses suinter des goulots dans les fossés. Au-dessus s'élèvent encore quelques solides édifices, des jardins, de grands chênes, la cathédrale Saint-Étienne, tant vénérée de Barberousse.

Étendez sur tout cela les teintes grises du crépuscule matinal, déroulez au-dessous, à perte de vue, la nappe bleuâtre du Rhin qui mugit ; représentez-vous sur les grandes dalles de la jetée des files de tonnes et de caisses, et vous aurez l'impression que dut éprouver M. Furbach en abordant au rivage.

Il aperçut au milieu des ballots un homme, la chemise débraillée, les cheveux plats collés aux tempes, assis au bord d'une petite charrette à bras, la bretelle sur l'épaule.

« Monsieur s'arrête à Vieux-Brisach? Monsieur descend au Schlossgarten? lui demanda cet homme d'une voix inquiète.

— Oui, mon garçon, vous pouvez charger mes bagages. »

Il ne se fit pas répéter l'invitation. Le batelier reçut ses douze *pfennings* et l'on partit pour l'antique castel.

A mesure que s'élevait le jour, l'immense ruine se dégageait de l'ombre, et ses mille détails pittoresques s'accusaient avec une netteté bizarre. Ici, sur une tour décrépite, autrefois la tourelle des signaux, une nuée de pigeons avaient élu domicile ; ils se peignaient tranquillement du bec dans les meurtrières d'où jadis les archers lançaient leurs flèches. Ailleurs, un tisserand matinal avançait au bout de longues perches ses écheveaux de chanvre par les lucarnes d'un donjon, pour les sécher au grand air. Des vignerons grimpaient la côte : quelques cris de fouine traversaient le silence, elles ne devaient pas manquer dans ces décombres.

Au bout d'un quart d'heure environ, M. Furbach et son guide atteignirent une large voie en spirale, pavée d'un cailloutage noir et luisant comme du fer, et bordée d'un mur à hauteur d'appui, dont la courbe s'élevait jusqu'à la plate-forme. C'était l'ancienne avancée du Vieux-Brisach. Tout en haut de cette voie, près de la porte de Gontran l'Avare, M. Furbach, se penchant sur le petit mur, vit au-dessous les chaumières innombrables étagées jusqu'au bord du fleuve : leurs cours intérieures, leurs escaliers et leurs galeries vermoulues, leurs toits de bardeaux, de chaume et de planches, et leurs petites cheminées fumantes. Les ménagères allumaient leur feu sur l'âtre, les enfants en chemise allaient et venaient dans l'intérieur des masures, les hommes ciraient leurs bottes ; un chat rôdait sur le plus haut pignon ; dans une basse-cour, à deux cents mètres de là, quelques poules grattaient un fumier, et par le toit effondré d'une vieille grange, on voyait une nichée de lapins, la croupe en l'air et la queue en trompette, filer dans l'ombre. Tout cela se découvrait aux regards, jusque dans les plus sombres recoins; la vie humaine, les mœurs, les habitudes, les plaisirs et les misères de la famille s'y montraient sans mystère.

Et pourtant M. Furbach, pour la première fois peut-être, trouva du mystère à ces choses : un sentiment de crainte indéfinissable se glissa dans son âme. Était-ce la multiplicité des rapports existant entre toutes ces créatures, et dont il ne pouvait se rendre compte? Était-ce le sentiment de la cause éternelle présidant au développement de ces existences? Était-ce la morne tristesse de ces vastes remparts, assistant à leur destruction sous l'effort de ce monde infini? Que sais-je? Lui-même n'aurait pu le dire ; mais il lui semblait qu'un autre monde coexistait en quelque sorte avec ce monde apparent ; que les ombres allaient et venaient comme autrefois dans leur domaine, tandis qu'au-dessous s'agitaient la vie, le mouvement, l'activité de la chair. Il eut peur, et se mit à courir vers sa charrette. L'air vif de la plate-forme, au sortir du chemin de ronde, dissipa ces impressions étranges. En traversant la terrasse, il vit à sa droite l'antique cathédrale de grès rouge encore inébranlable sur sa base de granit, comme au temps des croisades; à gauche quelques modestes maisons bourgeoises assez propres; une jeune fille donnait du mouron à ses oiseaux, un vieux boulanger en veste grise fumait sur le seuil de sa baraque; en face, à l'autre extrémité du plateau, l'hôtel du Schlossgarten détachait sa blanche façade sur le fond verdoyant d'un parc. Là s'arrêtent les touristes qui vont à Fribourg en Brisgau. C'est un de ces bons hôtels allemands, simples, élégants, confortables, dignes enfin d'héberger un *mylord* en voyage.

M. Furbach entra dans le vestibule sonore; une jolie servante lui te recevoir, fit transporter ses effets dans une belle chambre au premier, où le vieux libraire se lava, changea de chemise, se fit la barbe; après quoi, frais, dispos et de bon appétit, il descendit à la grande salle, prendre son café au lait selon sa vieille coutume.

Or, il était dans cette salle depuis environ une demi-heure, — une salle haute et spacieuse, tendue d'un papier blanc à bouquets de fleurs, le plancher sablé, les hautes fenêtres à glaces étincelantes, ouvertes sur la terrasse, — il venait de terminer son déjeuner et s'apprêtait à faire un tour dans les environs, lorsqu'un homme grand, en habit noir, rasé de frais et la serviette sur le bras, le maître de l'hôtel enfin, entra jetant un coup d'œil sur les tables couvertes de leurs nappes damassées, s'avança gravement vers M. Furbach en le saluant d'un air cérémonieux, le regarda et fit entendre une exclamation de surprise :

« Seigneur Dieu... est-ce possible? mon ancien maître ! »

Puis, les bras étendus, d'une voix saisissante :

« Monsieur Furbach, ne me reconnaissez-vous pas? »

Le vieux libraire, non moins ému, regarda cet homme, et, au bout d'un instant, dit :

« C'est Nicklausse !

—Oui, Nicklausse, s'écria le maître d'hôtel, oui, c'est moi !... Ah ! Monsieur... si j'osais. »

M. Furbach s'était levé.

« Allons, ne vous gênez pas, dit-il en souriant, je suis heureux, bien heureux, Nicklausse, de vous revoir en si bel état. Embrassons-nous, si cela vous fait plaisir. »

Et ils s'embrassèrent comme de vieux camarades.

Nicklausse pleurait; les servantes étaient accourues; le brave maître d'hôtel s'élança vers la porte du fond en s'écriant :

« Ma femme !... mes enfants !... venez voir... venez !... Mon ancien maître est là !... Venez vite ! »

Et une jeune femme de trente ans, fraîche, gracieuse et belle, un grand garçon de huit à neuf ans, un autre plus petit, parurent.

« C'est mon maître! criait Nicklausse. Monsieur Furbach, voici ma femme... voici mes enfants... Ah ! si vous vouliez les bénir ! »

Le vieux libraire n'avait jamais béni personne, mais il embrassa la jeune femme de bon cœur et les marmots aussi; le plus petit s'était mis à pleurer, croyant qu'il s'agissait de quelque malheur; l'autre, les yeux tout grands ouverts, regardait ébahi.

« Ah ! Monsieur, disait la jeune femme toute rouge, tout émue, que de fois mon mari s'est entretenu de vous avec moi, de votre bonté, de tout ce qu'il vous doit.

—Oui, interrompit Nicklausse, cent fois l'idée m'est venue de vous écrire, Monsieur, mais il y aurait eu tant de choses à vous dire, il aurait fallu vous expliquer... Enfin, il faut me pardonner.

—Eh ! mon cher Nicklausse, je vous pardonne de tout mon cœur, fit le brave homme. Croyez que je suis heureux de votre fortune, quoique je ne me l'explique pas.

—Vous saurez tout ! dit alors le maître d'hôtel; ce soir... demain... je vous raconterai... C'est le Seigneur qui m'a protégé... C'est à lui que je dois tout... C'est presque un miracle... N'est-ce pas, Fridoline ? »

La jeune femme inclina la tête.

« Allons, allons, tout est pour le mieux, dit M. Furbach en se rasseyant; vous me permettrez de passer un ou deux jours à votre hôtel, pour renouveler connaissance.

—Ah ! Monsieur, vous êtes chez vous, s'écria Nicklausse; je vous accompagnerai jusqu'à Fribourg, je vous ferai voir toutes les curiosités du pays; je veux vous conduire moi-même. »

L'empressement de tous ces braves gens ne peut se rendre; M. Furbach en était touché jusqu'aux larmes. Durant tout ce jour et le suivant, Nicklausse lui fit les honneurs de Vieux-Brisach et des environs; bon gré mal gré, il conduisit le brave homme du haut de son siège; et comme Nicklausse était le plus riche propriétaire de la contrée, comme il possédait les plus belles vignes, les plus gras pâturages du pays, et qu'il avait de l'argent placé partout, qu'on juge de l'étonnement de Brisach en le voyant conduire de la sorte un étranger : M. Furbach passa pour quelque prince voyageant incognito. — Quant au service de l'hôtel, quant à la bonne chère, au vin et aux autres accessoires de ce genre, je n'en dis rien; c'était splendide; le vieux libraire dut s'avouer qu'il n'avait jamais été traité plus grandement, et ce n'est pas sans impatience qu'il attendait l'explication du « miracle, » comme disait Nicklausse. Le rêve de son ancien domestique, depuis longtemps oublié, lui revint alors à la mémoire, et lui sembla la seule explication possible d'une fortune si rapide.

Enfin, le troisième jour, vers neuf heures du soir, après le souper, l'ancien maître et son cocher, se trouvant seuls en face de quelques vieilles bouteilles de rudesheim, se regardèrent longtemps l'un l'autre d'un œil attendri. Nicklausse allait commencer ses confidences, lorsqu'un domestique entra pour desservir.

« Allez vous coucher, Kasper, lui dit-il; vous enlèverez tout cela demain. Fermez seulement la porte de l'hôtel, tirez les verrous. »

Et quand le domestique fut sorti, Nicklausse, se levant, ouvrit une fenêtre qui donnait sur la cour, pour renouveler l'air; puis, venant se rasseoir gravement, il débuta en ces termes :

« Vous vous rappelez, Monsieur Furbach, le rêve qui me fit quitter votre service en 1828. Depuis longtemps ce rêve me poursuivait; tantôt je me voyais en train de démolir un vieux mur au fond d'une ruine, tantôt je descendais la vrille d'un escalier en coquille; j'arrivais dans une sorte de poterne, et je me cramponnais à l'anneau d'une dalle qui me faisait suer sang et eau.

« Ce rêve me rendait malheureux, mais quand j'eus levé la dalle et que je vis la cave, le chevalier, le trésor, toutes mes peines furent oubliées. Je me croyais déjà maître de l'argent, j'en avais des éblouissements; je me disais : Nicklausse, le Seigneur t'a choisi pour t'élever au pinacle des honneurs et de la gloire. Ta grand-mère Orchel va-t-elle être heureuse en te voyant rentrer au village dans une voiture à quatre chevaux! Et les autres, le vieux maître d'école Yéri, le sacristain Omacht, tous ces gens qui répétaient du matin au soir que tu ne ferais jamais rien, vont-ils ouvrir les yeux, vont-ils avoir le nez long... Hé! hé! hé! »

« Je me figurais ces choses et d'autres semblables, qui me gonflaient le cœur de satisfaction et redoublaient mon désir d'être en possession du trésor. Mais une fois dans la rue Neuhauser, le sac au dos et le bâton à la main, lorsqu'il s'agit de prendre la route du château, vous ne sauriez croire, Monsieur Furbach, combien je fus embarrassé.

« J'étais au coin de votre magasin, assis sur une borne, regardant de quel côté soufflait le vent; malheureusement, il ne faisait pas de vent ce jour-là; les girouettes restaient immobiles, les unes tournées à droite, les autres à gauche. Et toutes ces rues qui se croisaient devant mes yeux avaient l'air de me dire :

« C'est par ici qu'il faut passer! — Non, c'est par ici! »

« Comment faire?

« A force de réfléchir, la sueur me coulait le long des reins; alors, pour me donner des idées, j'entrai prendre une chope à la taverne du *Coq-Rouge*, en face des Petites Arcades. J'avais eu soin de serrer mon argent dans une ceinture de cuir, sous ma blouse, car à la taverne du *Coq-Rouge*, qui se trouve dans un enfoncement de la ruelle des *Trois-Copeaux*, bien des honnêtes gens auraient pris la peine de m'en débarrasser.

« La salle étroite et basse, éclairée au fond par deux lucarnes en treillis donnant sur la cour, était pleine de fumée. Les roulières, les blouses, les chapeaux bossués, les bonnets râpés se promenaient là-dedans comme des ombres, et, de temps en temps, au milieu de ce nuage, brillait une allumette : un nez rouge, les yeux baissés, la lèvre pendante, s'illuminait; puis tout redevenait gris.

« La taverne bourdonnait comme un tambour.

« Je m'assis dans un coin, mon bâton entre mes genoux, une canette baveuse devant moi, et, jusqu'à la nuit close, je restai là, bouche béante, les yeux tout grands ouverts, regardant mon château qui me semblait peint contre le mur.

« Vers huit heures, j'eus faim : je demandai un *knapwourst* et une autre canette. On alluma le quinquet, et deux ou trois heures après je m'éveillai comme d'un songe; le tavernier Fox était devant moi et me disait :

« —C'est trois *kreutzer* la nuit; vous pouvez monter. »

« Je suivis une chandelle qui me conduisit dans les combles. Il y avait là une paillasse à terre, la maîtresse poutre du pignon au-dessus. J'entendais deux ivrognes grogner dans la mansarde voisine, disant qu'on ne pouvait se tenir debout; moi-même j'étais courbé sous le toit, la tête contre les tuiles.

« Toute cette nuit je ne pus fermer l'œil, autant par crainte d'être volé que par l'effet de mon rêve et le désir de me mettre en route, sans savoir où aller.

« A quatre heures, la vitre enchâssée dans le toit se mit à grisonner; les autres soupentes de la mansarde ronflaient comme un buffet d'orgue. Je descendis l'escalier à reculons et m'échappai dans la rue. Tout en courant, je tâtai plus de cent fois ma ceinture. Le jour grandissait; quelques servantes venaient donner leur coup de balai sur les trottoirs, deux ou trois *watchmann*, le bâton sous le bras, se promenaient dans les rues encore désertes. Moi j'allongeais le pas, respirant l'air à pleine poitrine, et déjà, derrière la porte de Stuttgard, se découvraient les arbres de la campagne, quand l'idée me vint que j'avais oublié de payer mon logement. Il ne s'agissait que de trois misérables *kreutzer*; Fox était bien le plus grand coquin de Munich, il hébergeait tous les mauvais gueux de la ville, mais la pensée qu'un pareil homme pourrait me prendre pour un de ses semblables m'arrêta tout court.

« J'ai entendu dire bien des fois, Monsieur Furbach, que la vertu est récompensée et le crime puni dans ce bas monde ; malheureusement, à force de voir le contraire, je n'en crois plus rien. Il faudrait plutôt dire que du moment qu'un homme est sous la protection des êtres invisibles, tout ce qu'il fait, par courage ou par lâcheté, et même sans le vouloir, tourne à son avantage. — On peut regretter que de véritables bandits aient souvent de pareilles chances, mais qu'importe ! si les honnêtes gens étaient toujours heureux, on se ferait honnête homme par filouterie et le Seigneur n'a pas voulu cela.

« Enfin, je retourne au *Coq-Rouge* en maudissant ma mauvaise étoile. Fox était en train de se faire la barbe devant un morceau de glace posé sur le bord de sa cheminée. Quand il m'entendit lui dire que je revenais pour payer ses trois *kreutzer*, le brave homme me regarda de travers, comme s'il eût soupçonné là-dessous quelque ruse diabolique. Mais, toute réflexion faite, après s'être essuyé la barbe, il me tendit la main, pensant que trois *kreutzer* sont toujours bons à prendre. Une grosse servante, les joues en citrouille, qui dans ce moment essuyait les tables, ne paraissait pas moins émerveillée que lui.

« J'allais me retirer, quand mes yeux rencontrèrent par hasard une rangée de petits cadres tout enfumés, pendus autour de la salle. On avait ouvert les fenêtres pour renouveler l'air, et il y avait un peu plus de jour que la veille, mais cela n'empêchait pas que la salle ne fût encore très-sombre. J'ai souvent pensé depuis qu'à de certains moments les yeux éclairent ce qu'ils regardent, c'est comme une lumière intérieure qui nous avertit d'être attentif. Quoi qu'il en soit, j'avais déjà les pieds dans l'allée, lorsque la vue de ces cadres me fit revenir. C'étaient des gravures représentant les paysages des bords du Rhin, des gravures vieilles de cent ans, noires, couvertes de pattes de mouches. Eh bien ! chose étrange, d'un coup d'œil, je les vis toutes, et, dans le nombre, je reconnus celle des ruines que j'avais vues en rêve. J'en devins tout pâle ; il me fallut un instant pour pouvoir monter sur le banc et regarder la chose de plus près. Au bout d'une minute il ne me restait aucun doute : les trois tours en face, le village au-dessous, le fleuve à quelques cent mètres plus loin, tout y était ! Je lus au bas, en vieux caractères allemands : « *Vues du Rhin.* — *Brisach.* » Et, dans un coin : « *Frédérich sculpsit,* 1728. » Il y avait juste cent ans.

« Le tavernier m'observait.

« —Ah ! ah ! fit-il, vous regardez Brisach, c'est mon pays ; les Français ont brûlé la ville, les gueux ! »

« Je descendis du banc et demandai :

« —Vous êtes de Brisach ?

« —Non, je suis de Mulhausen, à quelques lieues de là, un fameux pays ; on y boit le vin à deux *kreutzer* le litre dans les bonnes années.

« —Est-ce qu'il y a loin d'ici là ?

« —Une centaine de lieues. On dirait que vous avez l'idée d'y aller.

« —C'est bien possible. »

« Je sortis, et lui, s'avançant sur le seuil de la taverne, me cria d'un ton goguenard :

« —Hé ! dites donc, avant d'aller à Mulhausen, réfléchissez : vous me devez peut-être encore quelque chose ? »

« Je ne répondis pas, j'étais en route pour Brisach : je voyais là-bas, au fond du sombre caveau, des masses d'or, je les brassais déjà, je les prenais à pleines poignées et les laissais retomber ; elles rendaient un son mat et de petits éclats de rire qui me donnaient froid dans les os.

« Voilà, Monsieur Furbach, comment, après avoir pris congé de Munich, j'arrivai heureusement au Vieux-Brisach. C'était le 3 octobre 1828 ; je m'en souviendrai toute ma vie. Ce jour-là, je m'étais mis en route de grand matin. Vers neuf heures du soir, j'aperçus les premières maisons du village ; il pleuvait à verse : mon feutre, ma blouse, ma chemise étaient percés jusqu'à la peau ; une petite brise des glaciers de la Suisse me faisait claquer les dents ; il me semble encore entendre la pluie tomber, le vent souffler, le Rhin mugir. Plus une lumière ne brillait au Vieux-Brisach. Une vieille femme m'avait indiqué l'auberge du Schlossgarten au haut de la côte ; j'avais fini par trouver la rampe : je montais en tâtonnant et me disais : « Seigneur Dieu... Seigneur Dieu... si tu ne veux pas que je périsse ici, si tu veux accomplir envers un pauvre diable comme moi le quart de tes divines promesses, arrive à mon secours ! »

« Cela n'empêchait pas l'eau de clapoter, le feuillage, au revers du talus, de grelotter, et la bise de siffler de plus belle à mesure que je montais.

M. Furbach vit au-dessous les chaumières innombrables... (Page 5.)

« Or, depuis environ vingt minutes, j'allais ainsi en tâtonnant dans cette grande vrille tortueuse, risquant de me précipiter à chaque pas, quand, devant moi, dans les ténèbres, s'avança lentement une lanterne; elle ruisselait de pluie et jetait des éclairs au vieux mur.

« —Hé! qui va là? fit une voix cassée.

« —Un voyageur qui monte au Schlossgarten, répondis-je.

« —Ah! bon; nous allons voir. »

« Et la lumière, vacillant, trébuchant, s'approcha.

« Au-dessus s'avançait une face blafarde, à nez camard, aux joues creuses et plombées, coiffée d'un vieux bonnet de peau de martre, dont il ne restait plus que le cuir. Un bras long, décharné, leva la lanterne jusqu'à la hauteur de mon feutre; l'homme et moi nous nous regardâmes quelques secondes en silence. Il avait les yeux gris clair comme un chat, les sourcils et la barbe d'un blanc filasse; il portait une casaque en peau de chèvre et des pantalons de toile grise : c'était le vieux cordier Zulpick, un être bizarre, vivant seul dans sa cave, au pied de la tour de Gontran l'Avare. Après avoir tressé ses cordes toute la journée dans la petite allée des Houx, derrière l'église Saint-Étienne, sans jamais répondre autrement aux passants qui lui souhaitaient le bonjour que par une inclination de tête silencieuse, il rentrait dans sa cave en nasillant des airs du temps de Barberousse, et préparait son souper lui-même; puis, les deux coudes sur le bord de sa lucarne, il regardait le Rhin, l'Alsace,

Il me regarda longtemps à travers la pluie. (Page 9.)

les cimes de la Suisse durant des heures entières. On le rencontrait aussi parfois la nuit qui se promenait dans les décombres, et quelquefois, mais rarement, il descendait boire du kirschenwasser, avec les mariniers et les flotteurs, au bouchon du père Korb, sur la jetée en face du pont. Alors il parlait des anciens temps et racontait des chroniques à ces braves gens, qui se disaient : « D'où diable le vieux Zulpick sait-il ces choses, lui qui n'a fait que tresser des cordes toute sa vie ? »

« Zulpick ne manquait jamais d'aller à la grand'-messe les dimanches ; mais, par une vanité singulière, il se tenait fièrement dans le chœur, à la place des anciens ducs ; et, chose étonnante, les habitants de Brisach trouvaient cela naturel de la part du vieux cordier, tandis qu'ils l'auraient blâmé dans tout autre.

« Tel était l'homme à la lanterne.

« Il me regarda longtemps à travers la pluie qui rayait l'air, et malgré l'impatience qui me gagnait.

« Enfin il me dit d'un ton sec :

« — Voici votre chemin. »

« Et les reins courbés, l'air rêveur, il poursuivit sa route vers le bouchon du père Korb, en murmurant des paroles confuses.

« Quant à moi, voulant profiter des derniers éclairs de la lanterne, je grimpai rapidement la terrasse, où m'apparut une lumière à ras de terre : c'était celle du Schlossgarten. Une servante veillait encore ; j'atteignis la porte de l'hôtel, je frappai, on m'ouvrit, et la voix de Katel s'écria :

« —Ah ! Seigneur Dieu !... quel temps pour voyager... quel temps ! — Entrez... entrez ! »

« J'entrai dans le vestibule ; alors, m'ayant regardé, elle me dit :

« —Vous auriez bien besoin de changer, et vous n'êtes pas riche, à ce que je vois... Mais suivez-moi dans la cuisine, vous boirez un bon coup, vous mangerez un morceau pour l'amour de Dieu ; je tâcherai de vous trouver une vieille chemise, et ensuite vous aurez un bon lit. »

« Ainsi parla cette excellente créature, que je remerciai du fond de l'âme.

« Une fois assis au coin de l'âtre, je soupai comme un véritable loup ; Katel levait les mains au ciel en me regardant tout émerveillée. Quand j'eus fini, elle me conduisit dans une chambre de domestique, où, m'étant déshabillé, je ne tardai point à m'endormir sous la protection du Seigneur.

« Je ne pensais pas alors que je dormais sous le toit de ma propre maison ! Qui peut prévoir de pareilles choses ? Que sont les hommes sans la protection des êtres invisibles ? Et, avec cette protection, que ne peuvent-ils pas espérer ? Mais alors de telles pensées étaient loin de mon cœur.

« Le lendemain, m'étant éveillé vers sept heures, j'entendis le feuillage frissonner au dehors ; ayant regardé par ma fenêtre, qui donnait sur le parc du Schlossgarten, je vis les gros platanes laisser tomber une à une leurs feuilles mortes dans les allées désertes, et le brouillard étendre ses nuages gris sur le Rhin. Mes habits étaient encore humides, je les mis cependant, et Katel me présenta quelques instants après à Michel Durlach, le vieux maître d'hôtel, un vieillard de quatre-vingts ans, la figure sillonnée de rides innombrables, les paupières flasques. Il portait une petite veste de velours brun, à boutons d'argent, les culottes de drap bleu, les bas de soie noire, les souliers ronds à larges boucles de cuivre des anciens temps, et se tenait assis, les jambes croisées, au coin du poêle de faïence de la grande salle.

« Comme je lui demandais du travail, — car j'avais pris la résolution de rester à Vieux-Brisach, — après m'avoir regardé quelques instants, il voulut voir mon livret, et se mit à le lire gravement, ses grosses besicles posées sur son nez bleu en bec de corbin. De temps en temps il inclinait la tête et murmurait :

« —Bon... bon ! »

« A la fin, levant les yeux, il me dit avec un sourire bienveillant :

« Vous pouvez rester ici, Nicklausse ; vous remplacerez Kasper, qui doit partir après-demain pour rejoindre son régiment. Vous irez voir matin et soir sur la jetée s'il y a des voyageurs, et vous amènerez leurs bagages. Je vous donne six florins par mois, le logement et la nourriture ; la générosité des voyageurs vous fera bien le double, et, plus tard, nous verrons à faire mieux, si nous sommes contents de vous. Cela vous convient-il ? »

« J'acceptai de bon cœur, ayant résolu, comme je viens de vous le dire, de rester à Vieux-Brisach ; mais ce qui me confirma encore dans cette résolution, ce fut l'arrivée de Mlle Fridoline Durlach, dont les grands yeux bleus et le doux sourire s'emparèrent de mon âme. Telle je l'avais vue Fridoline, fraîche, souriante, de beaux cheveux blonds cendrés retombant en larges nattes sur son cou blanc comme la neige, la taille gracieuse, les mains un peu grasses et potelées, la voix aimante, telle je l'avais vue dans mon rêve, à peine âgée de vingt ans, et soupirant déjà, comme toutes les jeunes filles, après l'heure fortunée du mariage, telle je la revis alors.

« Et pourtant, Monsieur Furbach, en songeant à ce que j'étais, moi, pauvre domestique, vêtu de la blouse grise, attelé chaque soir à ma charrette comme une bête de somme, la tête penchée, haletant et triste, je n'osais croire à la promesse des esprits invisibles, je n'osais me dire : « Voici ta fiancée, celle qui t'est promise ! » Non, je n'osais m'arrêter à cette idée ; j'en rougissais, j'en tremblais, je m'accusais de folie : je voyais Fridoline si belle, et moi si dénué de tout !

« Malgré cela, Fridoline, dès mon arrivée au Schlossgarten, m'avait pris en affection, ou plutôt en commisération. Souvent le soir, à la cuisine, après le rude labeur du jour, quand tout abattu je me reposais au coin de l'âtre, les mains croisées sur les genoux et l'œil rêveur, elle entrait furtivement comme une fée, et tandis que Katel, le dos tourné, lavait la vaisselle, elle me regardait en souriant et murmurait tout bas :

« —Vous êtes bien las, n'est-ce pas, Nicklausse ? Il a fait si mauvais temps aujourd'hui ! Cette grande averse vous a trempé. Vous faites un travail bien rude, souvent j'y pense, oui, bien rude ! mais un peu de patience, mon bon Nicklausse, un peu de patience ; quand une autre place sera vacante à l'hôtel, vous l'aurez. Vous n'êtes pas fait pour traîner la charrette ; il faut un homme plus fort, plus rude que vous. »

« Et, tout en parlant, elle me regardait d'un œil si doux, si compatissant, que mon cœur en frémissait ; mes yeux se remplissaient de larmes; j'aurais voulu me jeter à ses pieds, prendre ses petites mains dans les miennes, y poser mes lèvres en sanglotant. Le respect seul me retenait. Mais quant à lui dire : « Je vous aime ! » jamais... jamais je ne l'aurais osé. Et pourtant Fridoline devait être ma femme. »

En ce moment, Nicklausse suspendit son récit, l'émotion le suffoquait. Le vieux Furbach lui-même se sentait tout attendri ; il regarda le brave garçon pleurer à ces souvenirs, ces sanglots de bonheur l'émouvaient jusqu'aux entrailles, mais il ne trouvait pas un mot à dire.

Au bout de quelques minutes, l'émotion de Nicklausse étant un peu calmée, il poursuivit :

« Vous pensez bien, Monsieur Furbach, que pendant cet hiver de 1828, qui fut très-long et très-rude, mon idée fixe ne me quitta jamais. Représentez-vous un pauvre diable, la bretelle au cou, traînant sa charrette, matin et soir, dans cette immense coquille qui semble n'en plus finir des bords du Rhin à la terrasse. Vous la connaissez, cette rampe, où s'engouffrent tous les vents de l'Alsace et de la Suisse ; — que de fois, à mi-côte, je me suis arrêté regardant les vastes décombres, les noires cahutes au-dessous, et me disant : « Le trésor est au milieu de cela... quelque part... je ne sais où... mais il y est ! Si je le découvrais, au lieu d'avoir la figure sanglée par la pluie, les pieds dans la boue et la corde aux reins, j'aurais chaud, je serais assis devant une bonne table, je boirais de bon vin, et j'écouterais le vent, la pluie, la grêle se déchaîner au dehors, en remerciant Dieu de ses bontés. Et puis... et puis... je verrais une douce figure me sourire ! »

« Ces pensées me donnaient la fièvre ; mes yeux perçaient les murs, je sondais du regard toutes les profondeurs de l'abîme, je sapais le pied de chaque tour, j'en calculais l'épaisseur par le couronnement.

— Ah ! m'écriais-je, je trouverai... je trouverai... il faut que je trouve ! »

« Une sorte d'attrait bizarre ramenait toujours ma vue au donjon de Gontran l'Avare, qui fait face à la montée. C'est une haute maçonnerie couronnée de lourds créneaux, qui saillent en relief du côté de Hunevir. Le donjon de Rodolphe s'élève tout auprès. Entre les deux s'abaissait le pont-levis de la place : ces deux tours formaient en quelque sorte les jambages de la porte colossale.

« Une circonstance surtout m'attachait à la tour de Gontran ; c'est qu'à moitié de sa hauteur, sur une large pierre dégrossie, est sculptée une croix surmontée d'un casque, et les deux gantelets cloués à la place des mains du Christ.

« Vous n'avez pas oublié, Monsieur Furbach, la petite croix que je portais toujours sur moi, et que je vous fis voir le jour de mon départ; cette croix me paraissait semblable à celle de la tour de Gontran : c'étaient le même casque, les mêmes gantelets, — et puis en passant près de la tour, chose inconcevable, il m'arrivait chaque fois de frémir des pieds à la tête : je me sentais envahi par une force étrange ; la peur me saisissait, et, malgré mon désir de pénétrer ce mystère, l'effroi de la mort me faisait fuir.

« Une fois rentré dans ma chambre, le soir, je me traitais de lâche, je me promettais d'avoir plus de courage le lendemain ; mais l'idée de me trouver face à face avec des êtres d'un monde inconnu renversait toujours mes fortes résolutions.

« En outre, au pied de cette fameuse tour, dans l'ancienne cave de la salle d'armes, habitait le vieux cordier Zulpick, qui, depuis mon arrivée à Brisach, épiait mes moindres démarches. Que me voulait cet homme ? Soupçonnait-il mes projets ? Lui-même était-il possédé des mêmes instincts ? Avait-il des indices ? Je ne pouvais me défendre d'une vague appréhension en le voyant : évidemment entre Zulpick et moi existait un intérêt quelconque... De quelle nature était cet intérêt ? Je l'ignorais et restais sur mes gardes.

« Or, depuis trois mois, je traînais ma charrette sans oser prendre une résolution solide ; le découragement venait, il me semblait parfois que l'esprit des ténèbres avait voulu se rire de ma crédulité ; chaque nuit je rentrais au Schlossgarten dans une tristesse inexprimable. Katel et Fridoline avaient beau me demander la cause de mon chagrin et me promettre un meilleur sort, je maigrissais à vue d'œil.

« L'hiver était venu, le froid était excessif, surtout dans les nuits claires où les étoiles fourmillent au ciel, où la lune brillante dessine sur la neige les ombres des grands arbres, avec leurs mille rameaux entrelacés.

« Dans ce temps-là, les bateaux à vapeur n'existaient pas encore ; de gros bateaux à voile faisaient le service ; ils arrivaient à huit, neuf, dix, onze heures, souvent à minuit, selon que le vent était plus ou moins favorable. Il fallait les attendre sur la jetée, au milieu des ballots, la neige tombait lentement et me couvrait comme un bloc de pierre. Et puis, quand le bateau avait passé, je rentrais souvent sans bagages, car en hiver les voyageurs sont rares.

« Un soir de janvier, je remontais ainsi fort triste ; comme il était tombé beaucoup de neige, ma charrette ne faisait pas de bruit. J'arrive à mi-côte et je m'arrête, les coudes sur le petit mur, à ma place habituelle, pour regarder la tour de Gontran. Le temps était redevenu clair ; au-dessous de moi le village dormait, les arbres couverts de givre et de neige scintillaient à la lune. Longtemps je regardai les toits blancs, les petites cours noires avec leurs pioches, leurs pelles, leurs herses, leurs charrues, leurs bottes de paille pendues aux hangars, leurs lucarnes où la neige s'était amoncelée. Pas un bruit ne montait, pas un soupir, et je me disais : Ils dorment.... ils n'ont pas besoin de trésor !... Mon Dieu, qu'est-ce que c'est que de nous ? Est-ce qu'on a besoin d'être riche ? Est-ce que les riches ne meurent pas comme les pauvres ? Est-ce que les pauvres ne peuvent pas vivre, aimer leur femme, leurs enfants, se réchauffer au soleil quand il fait chaud, et au coin du feu quand il fait froid, comme les riches ? Ont-ils besoin de boire du bon vin tous les jours pour être heureux ?... Et quand tous se sont traînés quelques jours sur la terre, à voir le ciel, les étoiles, la lune, le fleuve bleu, la verdure des champs et des bois ; à cueillir quelques fruits le long des buissons, à presser leurs grappes de raisin, à dire à celle qu'ils aiment : « Tu es la plus belle, la plus douce, la plus tendre des femmes... Je t'aimerai toujours !... » et à faire sauter leurs petits enfants dans leurs mains, à les embrasser, à rire de leurs gazouillements ; quand ils ont fait tout cela,—les choses qui sont le bonheur, le pauvre bonheur de ce bas monde,—eh bien ! est-ce que tous ne descendent pas les uns après les autres, en robe blanche ou en guenilles, en chapeau à plumes ou en cheveux, dans la même caverne sombre d'où l'on ne revient jamais, et où l'on ne sait pas ce qui se passe ? Faut-il donc des trésors, Nicklausse, pour tout cela ? Réfléchis et calme ton âme. Retourne à ton village, cultive ton petit champ, le champ de ta grand'mère ; épouse Grédel, Christine ou Lotchen ; une grosse fille réjouie, si tu veux ; une maigre un peu mélancolique si ça te fait plaisir... Seigneur Dieu ! il n'en manque pas ! Suis l'exemple de ton père et de ton grand-père ; assiste à la messe, écoute M. le curé, et, quand il faudra prendre le chemin qu'ont suivi les autres, on te bénira, et dans cent ans d'ici tu seras un ancien, un de ces braves gens dont on déterre les os avec respect et dont on dit : « Ah ! dans ce temps-là, c'é-taient de braves gens... Aujourd'hui on ne voit plus que des gueux ! »

« Ainsi rêvais-je penché sur le mur, admi-rant le silence du village, des étoiles, de la lune et des ruines, et portant le deuil de mon trésor que je ne pouvais avoir.

« Mais comme j'étais là depuis quelques mi-nutes, tout à coup, en face de moi, à cent mètres au-dessus, sur la plate-forme, quelque chose remua, puis une tête s'avança lentement, éten-dit un regard sur le fleuve, sur la jetée, puis le long de la rampe.

« Je m'étais baissé ; ma charrette, près du mur, disparaissait derrière la courbe.

« C'était Zulpick : il avait la tête nue, et comme la lune brillait de tout son éclat, mal-gré la distance, je vis que le vieux cordier était animé de quelque pensée étrange : ses joues blafardes étaient tirées, ses grands yeux cou-verts de sourcils blancs étincelaient ; pourtant il paraissait calme. Après avoir longtemps re-gardé, il se couvrit de son vieux bonnet de martre, — il s'était découvert pour épier, — puis je le vis descendre le sentier rapide qui longe la tour de Rodolphe, et bientôt se per-dre dans les bastions.

« Qu'allait-il faire au milieu des décombres à cette heure ? Tout de suite l'idée me vint qu'il allait chercher le trésor ; et moi, tout à l'heure si calme, je sentis un flot de sang me colorer la face ; je passai la bretelle à mon épaule et me mis à courir de toutes mes for-ces ; les roues, sur la neige, ne faisaient pas le moindre bruit. En quelques minutes, je fus sous le hangar du Schlossgarten ; je saisis une pioche et revins, toujours en courant, suivre le vieux cordier à la piste. Au bout d'un quart d'heure, j'étais dans le fossé, emboîtant ses pas dans la neige. Je courais si vite que tout à coup, au détour d'un amas de décom-bres, je me vis nez à nez avec Zulpick, qui te-nait un énorme levier, et me regarda face à face en pressant sa grosse barre de fer à deux mains. Il ne bougeait pas plus qu'une statue et avait dans son attitude quelque chose de fier qui m'étonna.—On l'aurait pris pour un vieux chevalier. — Moi, je soufflais, j'étais surpris ; pourtant bientôt je revins à moi et lui dis :

«—Bonsoir, Monsieur Zulpick ; comment ça va-t-il ce soir ? Il fait un peu frais. »

« En même temps, la vieille cathédrale Saint-Étienne sonnait minuit, et chaque coup de son timbre, grave et solennel, retentissait dans le bastion. Au dernier coup, Zulpick, qui ne riait pas, me dit :

«—Que viens-tu faire ici ?

«—Hé ! lui répondis-je embarrassé, je viens faire ce que vous faites.

« Alors lui, d'un ton grave, s'écria :

«—Quel est ton droit de prétendre au trésor de Gontran l'Avare ? — Parle.

«—Ah! ah! fis-je, il paraît que vous savez...? »

« Mon cœur battait avec force.

«—Oui, je t'ai deviné... Je t'attendais !

«—Vous m'attendiez? »

« Mais, sans me répondre, il reprit :

«—De quel droit prétends-tu quelque chose ici ?

«—Et vous donc, père Zulpick?—S'il y a un trésor, pourquoi serait-il à vous plutôt qu'à moi ?

«—Moi, c'est différent, bien différent, dit-il, voilà cinquante ans que je cherche mon bien. »

« Et se posant la main sur la poitrine d'un air convaincu :

«—Ce trésor est à moi... Je l'ai acquis au prix du sang... et voilà huit siècles que j'en suis privé. »

« Je crus alors qu'il était fou ; mais lui, devinant ma pensée, dit :

«—Je ne suis pas fou !... Montre-moi mon bien, puisque la pensée d'en haut t'éclaire, et je t'en ferai bonne part. »

« Nous étions au pied de la tour de Rodolphe, et le vieux cordier avait essayé d'en détacher une pierre. D'autres blocs, en grand nombre, étaient déjà entassés tout près de là.

«—Il ne sait pas la place, me dis-je ; le trésor n'est pas ici, j'en suis sûr. Il doit être dans la tour de Gontran l'Avare. »

« Et, sans répondre à sa question, je lui dis :

«—Bon courage, père Zulpick, nous recauserons de cela plus tard. »

« Et je repris le sentier qui monte à la terrasse. Tout en courant, je me pris à songer qu'on ne pouvait entrer dans la tour de Gontran que par la cave qu'habitait Zulpick, et, me retournant, je lui criai :

«—Nous recauserons de cela demain.

«—C'est bon ! » fit-il d'une voix forte.

« Il me suivait à longue distance, la tête inclinée d'un air abattu.

« Quelques instants après, j'étais dans ma chambre, et je me couchai avec un sentiment d'espoir et de courage que je n'avais pas éprouvé depuis longtemps.

« Cette nuit-là, mon rêve, qui pâlissait de jour en jour, reparut avec une grandeur imposante ; ce n'était plus seulement le chevalier étendu sur la croix de bronze que je vis, c'était toute une histoire étrange et colossale qui se déroulait lentement sous mes yeux : — L'antique cathédrale de Saint-Étienne sonnait ; ses lourdes pierres rouges, ses arceaux, ses voûtes et ses flèches en tremblaient jusque sur leurs fondements de granit. Une foule immense, toute vêtue de drap d'or et de pierreries, des prêtres et des seigneurs se pressaient sur la plate-forme de Vieux-Brisach, mais non pas le Brisach d'aujourd'hui, avec ses décombres, ses ruines et ses chaumières: le Brisach couvert de hauts édifices entassés jusqu'aux nues. Entre chaque embrasure de ses larges créneaux se tenait debout un homme d'armes, les yeux tournés vers la plaine bleuâtre, et tout le long de la rampe descendaient, jusqu'au bord du Rhin, une file de piques luisantes, de hallebardes, de pertuisanes, renvoyant au ciel leurs éclairs comme des miroirs. Et les chevaux piétinaient dans la rampe profonde, sous les portes sombres. Des rumeurs immenses s'élevaient de la plaine. Tout à coup, transporté sur une tour, je vis au loin, bien loin, s'avancer sur le fleuve un long bateau tout couvert d'un voile noir, avec une grande croix blanche au milieu. Chaque coup de glas funèbre retentissait d'une tour à l'autre et se prolongeait en échos jusqu'au fond des remparts. Je compris qu'un grand personnage, un prince, un empereur venait de mourir, et, comme tout le monde s'agenouillait, je voulus m'agenouiller aussi, mais subitement tout disparut. — Je m'étais sans doute retourné dans mon lit. Un silence de mort succédait au tumulte.

« Alors, je me revis dans mon caveau, regardant par une meurtrière ; en face, étaient le pont-levis, la tour de Rodolphe, et sur le pont une sentinelle, et je me dis : « Tu ne t'es pas trompé, Nicklausse, voici bien la tour de Gontran l'Avare et le vieux duc est là. » Et me retournant, je vis le cercueil et le vieux duc ; ce n'était pas un squelette, c'était un mort revêtu d'un manteau bleu semé d'étoiles et d'aigles à deux têtes brodées en argent. Je m'approchai... je regardai les ornements avec extase : le manteau, l'épée, la couronne et la grande coupe scintillaient à la lumière d'une étoile qui clignotait dans l'embrasure de la meurtrière. Comme je rêvais au bonheur de posséder ces richesses, le vieux duc ouvrit les yeux lentement et me regarda d'un air grave.

«—C'est vous, Nicklausse, me dit-il, sans qu'un muscle de sa longue figure tressaillît. Il y a bien longtemps qu'on m'oublie dans ce caveau ; soyez le bienvenu, asseyez-vous là sur le bord de mon cercueil, il est lourd et ne tombera pas. »

« Il me tendait la main, je ne pus refuser de la prendre.

«—Dieu du ciel, que la main des morts est froide ! » me dis-je en frissonnant.

« Et dans le même instant je m'éveillai ; je tenais mon chandelier sur la table de nuit, et c'est le froid de ce chandelier qui m'avait éveillé. Les petites vitres de ma fenêtre étaient blanches de givre.

« Tout le reste de la nuit, je ne fis que repasser mon rêve ; il ne m'en restait que les principales circonstances, mais bientôt je devais le retrouver tout entier, à mesure que les objets réels m'en rappelleraient les moindres détails.

« Il me fallut patienter encore tout ce jour-là jusqu'au soir. En me rendant à la jetée, à six heures, avec ma charrette, j'avertis le vieux Zulpick que je serais de retour vers huit ou neuf heures, et qu'alors nous pourrions causer. Il me répondit par une inclination de tête, en m'indiquant l'entrée de sa cave.

« A neuf heures, le bateau passa ; vers dix heures j'étais de retour. Après avoir mis ma charrette sous le hangar, je me rendis à la tour de Gontran. Zulpick m'attendait ; nous descendîmes en silence, et dès ce moment je fus convaincu que l'instant de notre grande découverte était proche, car, tout en descendant l'escalier, il me souvint de l'avoir déjà parcouru dans mon rêve, mais je n'en dis rien. Arrivé au fond de la cave, tous mes doutes, s'il m'en était encore resté, auraient cessé : je connaissais ce local, cette voûte basse, ces vieux murs, cette table de sapin appuyée contre la meurtrière, ces quatre vitres rondes fêlées, ce grabat, ces paquets de cordes roulés dans un coin, tout, j'avais tout vu chez le père Zulpick, comme un familier de son trou, et déjà, de l'œil, je marquais la dalle qu'il faudrait soulever, si nous parvenions à nous entendre.

« Une lampe de fer-blanc brillait sur la table ; le vieux cordier s'assit sans façon sur l'unique chaise mal rempaillée du taudis, et m'indiqua du doigt un coffre où je pris place. Zulpick, avec son crâne chauve, les deux mèches de cheveux qui lui restaient autour des oreilles, son nez camard, ses yeux luisants et son menton en pointe, avait l'air inquiet, préoccupé ; il m'observait d'un œil sombre, et le premier mot qu'il me dit fut :

«—Le trésor est à moi ; je n'aime pas qu'on me vole. Il est à moi, je l'ai gagné ! Je ne suis pas de ceux qui se laissent dépouiller, entends-tu ?

«—Alors bon, répondis-je en me levant, puisqu'il est à vous, gardez-le. »

« Et je fis un pas pour me retirer.

« Lui, se levant et m'arrêtant par le bras d'un geste brusque, en grinçant des dents, me dit :

«—Écoute, combien veux-tu ?

«—Je veux la moitié.

«—La moitié ! fit-il, c'est abominable ! c'est un vol !

«—Eh bien ! gardez tout. »

« Et je gravis la première marche.

« Alors, m'arrachant presque le pan de ma souquenille, il hurla :

«—Tu ne sais rien.... rien ! Tu veux m'éprouver, m'épouvanter. Je trouverai bien tout seul.

«—Pourquoi donc me retenez-vous ?

«—Allons, assieds-toi, fit-il en ricanant d'un air bizarre. Voyons, puisque tu sais... qu'est-ce qu'il y a dans le trésor ? »

« Je revins m'asseoir.

«—Il y a d'abord la couronne à six branches, en or, quatre gros diamants à chaque branche, la croix au-dessus.

«—Oui... il y a cela.

«—Et puis il y a l'épée, la grande épée à poignée d'or.

«—C'est vrai !

«—Et la coupe en or, avec des perles blanches, rouges et jaunes.

«—Oui... oui... il y a tout cela ! Je me rappelle : ma coupe, mon épée, ma couronne. On me les a laissées, je l'ai voulu ainsi ; mais je veux les ravoir.

«—Ah ! si vous voulez tout garder, m'écriai-je, furieux d'un pareil égoïsme, si vous voulez tout garder... ma foi, je m'en vais. »

« Et je partis indigné.

« Mais lui, me sautant encore une fois au bras, s'écria :

«—Nous pourrons nous entendre pour le reste. Il y a de l'or, n'est-ce pas ?

«—Oui, le cercueil est plein de pièces d'or. »

« A ces mots, il devint tout vert et dit:

«—Je garde l'or ! tu auras l'argent.

«—Mais il n'y a pas d'argent, m'écriai-je ; et d'ailleurs, s'il y en avait, je n'en voudrais pas, entendez-vous ? »

« Le vieux fou, d'un ton féroce, se mit alors à vouloir me supplier, à vouloir m'attendrir. Mais il m'était facile de voir qu'il aurait essayé de m'étrangler s'il s'était senti le plus fort et s'il n'avait pas eu besoin de moi.

«—Voyons, disait-il, écoute-moi, Nicklausse, tu es un brave garçon, tu ne veux pas me voler. Je te dis que ce trésor m'appartient ; depuis cinquante ans je le cherche. Je me rappelle l'avoir gagné il y a longtemps.... bien longtemps ! Seulement, je ne peux pas en jouir par la vue, mais c'est égal, puisqu'il est à moi !

«—Eh bien ! puisqu'il est à vous, laissez-moi tranquille.

«—Tu vas le déterrer ! » hurla-t-il en sautant sur une hachette.

« Heureusement, j'avais sous la main ma grosse trique à pointe de fer, ayant prévu que la chose pourrait tourner mal. Je me mis en garde en lui disant froidement :

« —Père Zulpick, je suis venu chez vous comme ami ; vous voulez m'assassiner. Mais, prenez garde, au moindre mouvement, je vous casse la tête. »

« Il comprit cela, et, après m'avoir observé une seconde pour épier mes mouvements et juger s'il serait le plus fort, il déposa sa hachette et me dit d'une voix basse :

« —Tu veux la moitié ?

« —Oui.

« —Quelle moitié ? L'or, l'épée, la couronne ? Quoi... quoi ? parle donc !

« —On fera deux parts ; on tirera au sort. Il faut que les parts soient égales. »

« Il réfléchit un instant et dit :

« —J'accepte ! Il faut que j'accepte... mais tu me voles ; je laisse cela sur ton âme. Que le diable t'étrangle ! Il faut que j'accepte.

« —Est-ce entendu ?

« —Quand je te dis que j'accepte...

« —Oui, mais vous allez jurer sur cette croix. »

« Alors je sortis ma petite croix de bronze. En le voyant, ses yeux parurent se troubler.

« —D'où tiens-tu cela ?

« —Que vous importe.—Jurez.

« —Eh bien ! je jure.... de te laisser la moitié.

« —Partage égal, au sort.

« —Oui.

« —A la bonne heure, dis-je en remettant la croix à mon cou ; maintenant nous pouvons nous entendre. Et d'abord, père Zulpick, le trésor est ici.

« —Ici ! Où cela ? fit-il en bégayant.

« —Il faut lever cette dalle, et puis piocher au-dessous. Nous arriverons sur un escalier et nous descendrons cinquante marches. Au bout se trouve un caveau, et dans le caveau le trésor. »

« En m'écoutant, ses yeux s'écarquillaient.

« —Comment sais-tu cela, toi ? fit-il.

« —Je le sais.

« —Tu en es sûr ?

« —J'en suis sûr. Vous allez voir. »

« Et j'allais prendre ma pioche au fond de la cave. Alors il bondit en s'écriant :

« —C'est moi qui veux lever la dalle ; c'est moi qui veux ôter la terre !

« —Levez la dalle, père Zulpick, piochez ! mais souvenez-vous de votre serment sur la croix. On peut être damné une fois : deux fois, ce serait trop. »

« Il ne dit rien, prit la pioche et leva la dalle.

« Je me tenais debout près de lui, avec mon gros bâton ferré, me défiant de sa folie. Plusieurs fois, je remarquai qu'il me lança un coup d'œil rapide pour s'assurer que j'étais en garde. La dalle levée, il se mit à piocher avec la rapidité du chien qui gratte la terre. La sueur lui coulait des reins. Une fois il s'arrêta en me disant :

« —Cette cave est à moi ; je ne veux pas aller plus loin. Il faut que tu sortes.

« —Souvenez-vous de votre serment sur la croix, » lui dis-je froidement.

« Il reprit son travail en répétant à chaque coup de pioche : « Tu me voles... tu me voles... tu es un voleur... tout est à moi... » jusqu'à ce qu'il atteignît la petite voûte de l'escalier. Lorsqu'il en découvrit la première pierre, tout à coup il devint pâle comme un linge et s'assit sur le tas de terre. Et comme je voulais prendre la pioche à mon tour, il se jeta dessus en bégayant :

« —Laisse cela ! c'est moi... moi qui veux tout faire... qui veux descendre le premier.

« —Très-bien, allez ! »

« Il poursuivit sa besogne avec un acharnement qui ne lui permettait plus de respirer. La rage éclatait dans tous ses traits. Cependant l'ouvrage avançait ; chaque coup de pioche rendait maintenant un son creux, et subitement une pierre tomba, puis toute la voûte s'affaissa dans l'ouverture avec un bruit sourd. Le vieux cordier faillit être entraîné par les décombres. Je le retins très-heureusement ; mais, bien loin de me remercier, à peine vit-il l'escalier, que dans une exaspération épouvantable il hurla :

« —Tout est à moi !

—Et à moi, » lui dis-je d'un ton sec.

J'avais pris la lampe, il voulut l'avoir.

—Bon, j'aime mieux ça. Marchez en avant, père Zulpick. »

« Nous descendîmes.

« La lumière tremblotante éclairait ces voûtes vieilles de dix siècles ; le bruit furtif de nos pas sur les marches sonores avait des effets étranges. Mon cœur battait d'une force à rompre ma poitrine. Je voyais devant moi le crâne chauve du vieux cordier, sa nuque gris-bleu, son dos voûté. Peut-être à ma place aurait-il eu quelque tentation funeste ; mais, grâce au ciel, jamais la pensée du mal n'est entrée dans mon âme, Monsieur Furbach ; il faut que je vous dise cela, car la mort nous suivait ; elle guettait l'un de nous dans l'ombre. Heureux ceux qui n'ont rien à se reprocher, et qui laissent au Seigneur le soin de retirer ses créatures de ce bas monde. Il n'a pas besoin de nous pour cette terrible besogne.

« Arrivé au bas de l'escalier, Zulpick, ne

« — Voici le duc, dit-il d'un accent solennel... » (Page 17.)

voyant rien dans le caveau, me regarda d'un œil hagard; il voulut parler, aucun son ne parvint à ses lèvres. Alors je lui montrai l'anneau scellé dans la dalle du milieu; il comprit aussitôt, et, posant la lampe à terre, il saisit l'anneau à deux mains avec un rugissement sauvage. La sueur coulait lentement de nos tempes, cependant je restai maître de moi. Voyant l'inutilité des efforts du vieillard :

« Laissez-moi faire, Zulpick, lui dis-je, vous n'êtes pas de force. »

Il essaya de répondre; en ce moment, je remarquai qu'il avait les lèvres bleues.

« —Asseyez-vous, reprenez haleine, je ne vous volerai pas votre part, soyez tranquille. »

« Mais il ne voulut pas s'asseoir et s'accroupit près de la dalle. Et tandis que je la levais, en introduisant mon pic dans les interstices de la pierre, il s'efforçait de la retenir avec ses ongles.

« Prenez donc garde, m'écriai-je, vous allez vous faire écraser les mains ! »

« Peine perdue; il n'entendait pas; la fureur de l'or le possédait, et dans le moment même où, la dalle se levant, il me fallait employer toutes mes forces pour la retenir, il se glissait déjà dessous, et je l'entendais pousser des cris inhumains entrecoupés de hoquets bizarres.

« La dalle levée, je restai quelques secondes comme ébloui : le scintillement des pierreries aux reflets de la lampe me donnait le vertige. Dans ce moment, rapide comme un éclair, tous mes souvenirs effacés reparurent. Je me sou-

Fridoline, voulez-vous être ma femme? (Page 19.)

vins même de ce que vous m'aviez dit à Munich : « Comment pouviez-vous voir l'or, le cercueil et le chevalier, Nicklausse, puisque vous n'aviez pas de lumière? Reconnaissez que votre rêve n'a pas le sens commun. » Et pour répondre à cette objection, mes yeux cherchaient une lumière quelconque. C'est alors que je vis une ouverture dans la muraille. A l'extérieur, cela ressemblait à un de ces goulots massifs, comme il s'en trouve dans tous les remparts, pour laisser transpirer l'humidité de la terre. La lune pâle regardait par ce trou et confondait ses rayons bleus avec les rayons jaunes de notre lampe.

« Tout cela, mon cher monsieur Furbach, est pour vous dire qu'en de pareils instants nos sens acquièrent une acuité surprenante; rien ne leur échappe, pas même les circonstances indifférentes.

« Zulpick venait de saisir la couronne posée sur un coussin de pourpre vermoulu et la plaçait sur sa tête d'un air superbe. Il prit de même l'épée, puis la coupe et me regardant :

« — Voici le duc, dit-il d'un accent solennel, le vieux duc Gontran l'Avare! »

« Et comme je soulevais un coin de la tenture, roide comme du carton, et que sous les oripeaux nous apparaissait l'or, le vieux fou, levant son épée, voulut m'en asséner un coup sur la tête, mais un gargouillement indéfinissable s'échappa de sa poitrine, et il s'affaissa en exhalant un long soupir.

« Saisi d'horreur, j'approchai la lampe et vis qu'il avait la tempe gauche d'un noir bleuâtre, que ses yeux se retournaient dans leurs orbites et qu'une écume rosée couvrait ses lèvres.

« —Père Zulpick! » m'écriai-je.

« Il ne répondit pas.

« Aussitôt je compris qu'il venait d'être frappé d'apoplexie foudroyante. Était-ce la vue de l'or! Était-ce pour avoir violé son serment, en me refusant ma part du butin? Était-ce parce que son heure était venue comme viendra la nôtre? Que sais-je? je ne m'en inquiétai pas ; la peur d'être surpris en de telles circonstances auprès de ce cadavre me glaçait le sang. On n'aurait pas manqué de m'accuser d'avoir assassiné Zulpick, ce pauvre vieillard sans force, pour m'emparer de son bien. Que faire? me sauver et le laisser là... Ce fut ma première idée; mais tout en gravissant l'escalier, le désespoir de perdre les richesses que j'avais tant convoitées me fit redescendre. J'arrachai des mains de Zulpick la coupe et l'épée, que ses doigts roidis tenaient comme des serres, et je les replaçai sur le cercueil ainsi que la couronne. Puis, chargeant le corps sur mon épaule, et prenant la lampe à terre, je remontai jusqu'au caveau supérieur. Là, j'étendis le vieux cordier sur son grabat, et, repoussant la terre dans l'escalier, je remis la dalle à sa place. Cela fait, j'entr'ouvris doucement la porte de la cave, regardant tout inquiet sur la place déserte. Tout dormait aux environs. Il n'était pas deux heures du matin, la lune mélancolique étendait les grandes ombres noires de Saint-Étienne sur la neige durcie. Je m'échappai vers le Schlossgarten et me glissai dans ma chambre par l'entrée du parc.

« Le lendemain, tout Brisach apprit que Zulpick était mort d'un coup de sang. Son enterrement eut lieu le jour suivant; les vieilles commères du village, les mariniers, les flotteurs, le conduisirent en procession au cimetière.

« Moi, je continuai durant trois semaines à traîner ma charrette. A cette époque eut lieu la vente aux enchères publiques de la cave, du grabat, de la chaise et du vieux bahut de Zulpick ; et comme il me restait les deux cents florins que j'avais gagnés à votre service, je me rendis acquéreur du tout pour la somme de trois *goulden*, ce qui ne laissa pas d'émerveiller le voisinage et maître Durlach lui-même. Comment un simple domestique pouvait-il posséder trois *goulden*? Je fis voir à M. Durlach la note que vous m'aviez remise, et il n'y eut plus d'objections à ce sujet. Bientôt même le bruit courut au pays que j'étais un richard, qui traînais des charrettes pour accomplir un vœu de contrition. D'autres prétendaient que je m'étais déguisé en domestique, pour racheter à bas prix les décombres de Vieux-Brisach, et les revendre ensuite en bloc à l'empereur d'Autriche, lequel se proposait de reconstruire les châteaux des Hapsbourg de fond en comble à l'instar du XII° siècle, d'y remettre de vieux reîtres, des chapelains et des évêques. Quelques-uns, plus judicieux, inclinaient à croire que je voulais fonder tout bonnement, à Brisach, une fabrique de chapeaux de paille comme il s'en trouve en Alsace.

« M¹¹ᵉ Fridoline n'était plus la même avec moi depuis mon acquisition ; elle ne savait trop que penser de tous les bruits qui circulaient sur mon compte, et se montrait plus timide, plus réservée qu'autrefois. Je la voyais rougir à mon approche, et lorsque j'annonçai l'intention de retourner dans mon pays, elle devint fort triste. Il me parut même le lendemain qu'elle avait pleuré, circonstance qui me fit grand plaisir, car j'avais résolu d'accomplir mon rêve dans toutes ses parties, et ce qui m'en restait n'était pas le moins agréable.

« Que vous dirai-je encore, mon cher monsieur Furbach? La suite de mon histoire est facile à comprendre. Lorsque, enfermé la nuit dans ma cave, la porte bien close, je redescendis dans le caveau, et que je me vis cette fois bien en possession du trésor ; lorsque je calculai ces immenses richesses, et que je me dis qu'à l'avenir le besoin ne saurait m'atteindre, comment vous exprimer le sentiment de reconnaissance qui s'empara de tout mon être? Comment traduire en paroles les actions de grâces qui s'élevèrent du fond de mon âme?

« Et plus tard, quand j'eus opéré à Francfort l'échange de quelques centaines de mes pièces d'or, chez le banquier Kummer, émerveillé de l'antiquité de cette monnaie remontant aux croisades, et que je revins à Vieux-Brisach en grand seigneur, sur le *dampschiff Hermann*, que j'avais attendu tant de fois les pieds dans la neige, comment vous peindre l'étonnement, le ravissement de Fridoline, toute rouge, tout émue, en me voyant prendre place à la table des voyageurs ; les félicitations affectueuses du père Durlach et la confusion de Katel, qui s'était permis de me tutoyer et de me traiter même quelquefois de fainéant, lorsque je lui paraissais trop mélancolique, et que je soupirais au coin de l'âtre! Pauvre Katel, elle le faisait dans les meilleures intentions du monde, elle me rudoyait un peu pour relever mon courage ; mais alors, qu'elle parut confuse, interdite et stupéfaite, d'avoir maltraité ce grand personnage qu'elle voyait là, gravement installé devant la table, dans son *witchoura* vert-dragon, doublé de zibeline!

« Ah! Monsieur Furbach, qu'il y a de singuliers contrastes dans le monde, et que le vieux proverbe : « l'habit ne fait pas le moine », a tort! On a beau déprécier l'argent, comme il vous pose un homme! Je me rappellerai toujours qu'au moment où j'ouvris ma malle, et qu'en ayant tiré ma cassette je l'ouvris sur la table, le bon vieux Durlach, très-prudent de sa nature, et qui jusqu'alors avait un peu douté de la solidité de mon opulence, voyant tout à coup l'or briller, tira très-humblement son bonnet de soie noire et dit d'un air fâché à Fridoline :

« —Allons donc, Fridoline, avance le fauteuil pour M. Nicklause ; tu ne penses jamais à rien ! »

« Et quand je dis au bonhomme que le plus cher de mes vœux était d'obtenir sa petite fille en mariage, lui qui, quelques semaines avant, se serait indigné d'une proposition pareille et m'aurait bien vite montré la porte, il en parut tout attendri :

« —Comment donc, mon cher monsieur Nicklausse, mais certainement, c'est un grand honneur pour nous! »

« Il y mit pourtant une condition, c'est que je resterais au Schlossgarten, — « ne voulant pas, dit-il, qu'un établissement fondé par son aïeul tombât entre des mains étrangères. »

« Fridoline, assise dans un coin, pleurait tout bas.

« Et quand, m'agenouillant devant elle, je lui demandai :

« —Fridoline, m'aimez-vous? Fridoline, voulez-vous être ma femme ? »

« C'est à peine si la pauvre enfant put me répondre :

« —Vous savez bien, Nicklausse, que je vous aime ! »

« Ah! Monsieur Furbach, de pareils souvenirs nous forcent à bénir cet or si méprisable, car lui seul rend possibles de tels bonheurs ! »

Nicklausse se tut et resta longtemps rêveur, le coude sur la table, le front dans sa main. Il semblait voir défiler dans son esprit tous les bons et les mauvais jours écoulés; une larme tremblotait dans ses yeux. Le vieux libraire, la tête inclinée, se perdait lui-même dans des rêveries qui ne lui étaient point habituelles.

« Mon cher ami, dit-il tout à coup, en se levant, votre histoire est merveilleuse; mais j'ai beau réfléchir, je n'y comprends rien. Serait-ce un effet magnétique, et la petite croix que vous m'avez fait voir à Munich aurait-elle appartenu à Gontran l'Avare? Qui sait? Dans tous les cas, je suis sûr que je vais faire des rêves épouvantables. »

Nicklausse ne répondit pas; il s'était levé et reconduisit son ancien maître en silence.

La lune bleuissait les hautes fenêtres de la salle, il était près d'une heure du matin.

Le lendemain, M. Furbach, embarqué sur le dampschiff, avait repris la route de Bâle. Il levait la main en signe d'adieu, et Nicklausse lui répondait en agitant son feutre.

FIN DU TRÉSOR DU VIEUX SEIGNEUR.

MON
ILLUSTRE AMI SELSAM

I

Dans la soirée du 19 septembre 1855, j'allai voir mon ancien camarade d'université, l'illustre docteur Adrien Selsam, professeur de pathologie générale, chef de clinique, accoucheur de la grande-duchesse, etc., etc.

Je le trouvai seul dans son magnifique salon de la rue Bergstrasse, le coude sur une petite table de marbre noir, et les yeux plongés dans un globe de cristal, qui me parut contenir une eau de roche parfaitement limpide.

Malgré les rayons pourpres du crépuscule, entrant par trois hautes fenêtres ouvertes sur les jardins du palais, la figure maigre de mon ami Selsam, son nez en lame de rasoir, et son menton en galoche, empruntaient au globe des teintes blafardes effrayantes : on eût dit une tête de mort récemment coupée, et le liseré rouge de sa robe de chambre complétait l'illusion.

Tout cela me surprit au point que je n'osai l'interrompre dans ses réflexions. J'allais même me retirer, quand un gros suisse, que j'avais trouvé ronflant dans l'antichambre, s'avisa d'ouvrir un œil et de crier d'une voix de Stentor :

« Monsieur le conseiller Théodore Kilian ! »

Selsam, exhalant un soupir, se tourna lentement vers moi, comme un automate, me tendit la main et me dit :

« *Salve tibi*, Théodore ! *Quomodo vales ?*

—*Optime*, Adrien, » lui répondis-je.

Puis élevant la voix :

« Que fais-tu donc là, mon ami ? Tu médites, je crois, sur la doctrine de Sangrado ? »

Mais son regard prit une expression si louche, que j'en fus tout étonné.

« Théodore, fit-il après un instant de silence, ceci n'est point matière à plaisanterie : j'étudie la maladie de ta respectable tante, dame Annah Wunderlich. Ce que tu m'en as dit avant-hier est grave : ces exaltations, ces extases, ces soubresauts, et surtout les expressions exagérées de la vénérable dame en parlant de la *Création* de Haydn, des *oratorios* de Hœndel et des symphonies de Beethoven, présagent une affection dangereuse.

—Et tu prétends l'approfondir dans ce bocal d'eau fraîche?

—Précisément le plus fortuné hasard t'amène ; je songeais à toi. »

Puis, m'indiquant un violon suspendu à la muraille :

« Voudrais-tu me jouer l'*Enlèvement au sérail*, de Mozart ? »

Cette invitation me parut tellement bizarre, que je me demandai si la tête de mon pauvre ami Selsam n'était pas en train de déménager, comme celle de ma tante ; mais lui, devinant ma pensée, reprit avec un sourire ironique :

« Rassure-toi, cher Théodore, rassure-toi ; mes facultés intellectuelles sont intactes : je suis sur la voie d'une grande, d'une sublime découverte !

—Bon, cela suffit. »

Et détachant le violon, je le considérai d'un œil d'envie. C'était un de ces fameux Lévenhaupt, que Frédéric II fit construire au nombre de douze, pour accompagner ses parties de flûte, — instruments parfaits, irréprochables, et que certains connaisseurs égalent aux Stradivarius.

Quoi qu'il en soit, à peine eus-je appuyé l'archet sur ses cordes, que tout ce qu'on m'en avait dit me parut au-dessous de la réalité ; et l'élégance de l'œuvre s'ajoutant à l'extrême pureté des sons, je me crus transporté au septième ciel.

« Ô grand, grand maître ! m'écriai-je, ô sublime mélodiste ! Qui pourrait être insensible à tant de grâce, de vigueur et d'inspiration ! »

Mon chapeau était à terre, mes yeux clignotaient, mes genoux vacillaient ; je ne me possédais plus : Selsam, le bocal et la maladie de ma tante n'existaient plus pour moi.

Enfin, au bout d'une heure, je m'éveillai comme d'un songe, étendu sur le canapé du docteur Adrien, et me demandant ce qui venait de se passer.

Je vis Selsam, armé d'une forte loupe, en face de son globe. L'eau du bocal était devenue trouble ; des milliers d'infusoires s'y croisaient en tous sens.

« Eh bien, Selsam, lui demandai-je d'une voix affaiblie, es-tu content ? »

Alors, la face rayonnante, il vint à moi, et, me prenant les deux mains avec expression :

« Merci, merci, mon cher et digne camarade, mille fois merci ! s'écria-t-il. Tu viens de rendre à la science le plus grand service. »

J'étais ébahi.

« Comment ! en jouant un air de musique, j'ai rendu un service à la science, moi ?

— Oui, cher Théodore, et je ne te laisserai pas ignorer la part glorieuse que tu as prise à la solution du grand problème. Viens, suis-moi ; tu vas tout voir, tout comprendre. »

Il alluma un candélabre, car la nuit était venue, puis il ouvrit une porte latérale et me fit signe de le suivre.

J'étais en proie à l'émotion la plus profonde ; en traversant plusieurs pièces successives, je pensais qu'une révolution allait s'accomplir dans tout mon être ; que j'allais recevoir la clef des mondes invisibles.

Le candélabre jetait sa lumière éclatante sur les meubles somptueux de la riche demeure ; les ornements, les tableaux, les tapis défilaient dans l'ombre ; des têtes riantes, sortant de leurs cadres, nous regardaient passer ; et la lumière, glissant de dorure en dorure, nous conduisit enfin au haut d'un large escalier à rampe de bronze.

Nous descendîmes dans une cour intérieure ; le bruit furtif de nos pas s'entendait au loin comme un chuchotement mystérieux.

Dans la cour, je remarquai que l'air était calme ; des étoiles sans nombre brillaient au ciel ; plusieurs portes se présentaient sur notre passage, Selsam s'arrêta devant l'une d'elles, et, se tournant vers moi, me dit :

« Voici mon amphithéâtre. C'est ici que je travaille, que je dissèque. Ne t'émotionne pas... La nature ne lâche ses secrets qu'entre les mains de la mort ! »

J'eus peur : j'aurais voulu reculer, mais Adrien étant entré sans attendre ma réponse, il fallut bien le suivre.

J'entrai donc, pâle d'émotion, et, sur une grande table de chêne, je vis un cadavre, — le cadavre d'un jeune homme, — étendu, les mains serrées au corps, la tête rejetée en arrière, les yeux écarquillés, immobile comme une motte de terre.

Il avait un beau front. Sur le côté gauche, une blessure profonde pénétrait dans les cavités de sa poitrine ; mais ce qui me fit le plus d'impression, ce n'est pas la vue de cette blessure, ni le caractère sombre de cette tête, c'est l'immobilité, le silence !

« Voilà donc l'homme ! me dis-je ; inertie, repos éternel ! »

Cette idée écrasante s'appesantissait sur moi, lorsque Selsam, posant le tranchant de son scalpel sur le corps inerte, me dit :

« Tout cela vit... tout cela bientôt va renaître !... Des milliers d'existences asservies par une même force vont reprendre leur indépendance. La seule chose qui ait cessé d'être dans ce corps, c'est la puissance du commandement, l'autorité qui imposait une direction unique à toutes ces vies individuelles : *la volonté !* — Cette puissance était là. »

Il frappa la tête qui rendit un son mat, comme s'il eût touché du bois.

J'étais saisi, et pourtant les paroles de Selsam me rassurèrent un peu.

« Tout n'est donc pas anéanti, me dis-je ; tant mieux !... J'aime mieux vivre en détail que de ne pas vivre du tout.

— Oui, s'écria Selsam, qui semblait voir les pensées aller et venir dans mon front ; oui, l'homme est immortel en détail ; chacune des molécules qui le composent est impérissable ; elles vivent toutes ! mais leur vie, leurs souffrances, se transmettent à l'âme qui les domine, consulte leurs besoins et leur impose ses volontés. On a cherché le type du gouvernement le plus parfait ; on a prétendu le trouver dans une ruche d'abeilles, dans un tas de fourmis : ce modèle idéal du gouvernement, le voilà.

En même temps il plongea son scalpel dans le cadavre et l'ouvrit complètement. J'en reculai d'horreur, mais lui ne parut pas même s'apercevoir de ce mouvement, et poursuivit avec calme :

« Voyons d'abord les moyens d'action et de transmission de l'âme. Tu vois ces milliers de fibres blanches qui se ramifient dans tout le corps : ce sont les nerfs, ce sont les grandes routes de ce vaste pays, où vont et viennent sans cesse des estafettes plus rapides que l'éclair, portant aux extrémités les ordres de la molécule centrale, ou prévenant celle-ci des besoins et des dangers qui affectent ou menacent ses innombrables sujets. Alors tout marche, tout s'émeut, tout s'agite, tout se porte au but assigné par l'âme. Cependant chaque molécule a sa tâche et sa nature propre ; ainsi, Théodore, voici les organes de la respiration : les poumons ; voici ceux de la circulation du sang : le cœur, les veines, les artères ; voici ceux de la digestion : l'estomac, les intestins. Eh bien, ne va pas croire qu'ils se composent des mêmes éléments, des mêmes êtres. Non! quand la décomposition arrive, les poumons produisent le genre d'insectes appelés *douves*, qui se fixent, comme la sangsue, au moyen de deux pores : leur corps est long et filiforme. Les intestins produisent des *lombrics* formés d'anneaux charnus : ils sont cylindriques, roses, amincis aux extrémités et ne ressemblent en rien aux *douves*. Le cœur produit des *fongus hématodes*, sorte de champignons rongeurs. — Ainsi de chaque organe.

« L'homme vivant est tout un univers soumis à une *volonté*!... Et sache bien que chacun de ces infiniment petits a son âme immortelle. L'Être suprême n'accorde pas de privilége d'immortalité ; car tout, depuis l'atome jusqu'aux ensembles incommensurables de l'espace, tout est soumis à la justice absolue ; jamais une molécule n'est hors de la place que lui assigne son mérite ; cela seul nous explique l'ordre admirable du monde : de même que l'homme, parcelle de l'humanité, obéit forcément à Dieu, de même la molécule agit selon la volonté de l'homme vivant. Conçois-tu, maintenant, Théodore, la puissance infinie de ce grand Être, dont la volonté agit sur nous comme notre âme agit sur notre chair et notre sang? La nature tout entière est la chair et le sang de Dieu ; il souffre par elle, il vit par elle, il pense par elle, il agit par elle : chacun de ses atomes est impérissable, car Dieu ne peut périr dans un seul de ses atomes.

—Mais où donc est la liberté? m'écriai-je ; si je suis une molécule asservie, comment suis-je responsable de mes actes?

—La liberté est intacte, dit Selsam, car la molécule de ma chair peut se révolter contre tout mon être ; c'est ce qui arrive, mais alors elle périt et mon organisme l'élimine. Elle a été libre, elle a subi les conséquences de son acte. Moi aussi je suis libre ; je puis me révolter contre les lois de Dieu, je puis abuser de mon pouvoir sur les êtres qui me composent, **et par** là même entraîner ma dissolution. Les molécules redeviennent indépendantes, et mon âme perd son pouvoir! Ne suffit-il pas de constater que nous souffrons par nos fautes, pour reconnaître que nous en sommes responsables, et par conséquent libres? »

Je n'avais plus rien à répondre, et nous restions là, nous regardant l'un l'autre jusqu'au fond de l'âme.

« Tout cela, mon cher Selsam, lui dis-je enfin, me paraît fort logique, ce sont des théories superbes ; mais je ne comprends pas leur rapport avec ton bocal, avec la maladie de ma tante, et l'air de musique que tu m'as fait jouer.

—Rien de plus simple, fit-il en souriant ; tu ne peux pas ignorer que la vibration des sons imprime au sable amassé sur un tambour des mouvements rapides, et lui fait tracer des figures géométriques d'une régularité merveilleuse...

—Sans doute, mais...

—Mais, s'écria-t-il avec impatience, laisse-moi finir! De même les sons agissent sur les molécules d'un liquide, d'où résultent des combinaisons infinies, avec cette différence toutefois, que ces molécules étant mobiles, les figures qui en résultent sont des êtres animés : c'est ce que les physiciens appellent la création équivoque. Or les sons, agissant sur le système nerveux, produisent un dégagement électrique, lequel agit à son tour sur les liquides enfermés dans notre corps, d'où naissent des milliers et des milliards d'insectes qui attaquent l'organisme, et produisent une foule de maladies, telles que le tintouin, la surdité, la berlue, l'épilepsie, la catalepsie, l'idiotisme, le cauchemar, les convulsions, la danse de Saint-Guy, les spasmes de l'œsophage, la colique nerveuse, la coqueluche, les palpitations, et généralement cette infinité de maladies auxquelles les femmes qui s'adonnent à la musique sont particulièrement sujettes, et dont la nature est restée inconnue jusqu'à ce jour. En effet, les insectes en question, savoir : les *myriapodes*, qui ont six pieds, sans ailes ; les *thysanoures*, qui ont l'abdomen garni, sur le côté, de fausses pattes ; les *parasites*, dont les yeux sont lisses et la bouche en forme de suçoir ; les *coléoptères*, qui possèdent des mandibules très-fortes ; les *lépidoptères*, qui ont deux filets roulés en spirale formant une langue ; les *névroptères*, les *hyménoptères*, les *ripiphores*... tous ces milliards de rongeurs se répandent à l'intérieur de notre corps, comme dans un vieux meuble vermoulu ; ils y enfoncent leurs tenailles, leurs ongles, leurs pics, leurs râpes, leurs tarières et vous disloquent de fond en comble. C'est l'histoire du peuple romain énervé par le luxe asiatique : les barbares le dévorent sans résistance ! »

Cette description de Selsam m'avait fait dresser les cheveux sur la tête.

« Et tu crois, m'écriai-je, que la musique est cause de ces désastres.

— Incontestablement. Il suffit de voir les vieilles joueuses d'orgue, de piano ou de harpe pour en être convaincu. Ta malheureuse tante menace ruine ; je ne connais qu'un seul moyen de prévenir sa chute prochaine.

— Quel moyen, Selsam? Quoique je sois son héritier présomptif, ce serait un cas de conscience à se faire, que de ne pas essayer de la sauver!

— Oui, fit-il, je reconnais là ta délicatesse ordinaire : c'est l'affection et non l'intérêt qui te guide. Mais il est tard, Théodore, je viens d'entendre sonner minuit; reviens demain à dix heures du soir, j'aurai préparé l'unique remède qui puisse sauver dame Annah. Je veux que tu me doives son rétablissement; la cure sera radicale, je t'en donne ma parole académique.

— Sans doute, sans doute, mais ne pourrais-tu me dire... ?

— A quoi bon? Demain tu sauras tout. Le sommeil me gagne. »

Nous traversâmes la cour; il m'ouvrit la porte cochère donnant sur la Bergstrasse. Nous nous serrâmes la main en nous souhaitant le bonsoir, et je regagnai ma chambre, perdu dans les plus tristes réflexions.

II

Il me fut impossible, cette nuit-là, de fermer l'œil; je me creusais la tête pour savoir comment Selsam expulserait les ascarides de ma respectable tante Wunderlich.

Le lendemain, cette idée me poursuivit jusqu'au soir. J'allais, je venais, je m'interrogeais moi-même à haute voix, et les gens se retournaient dans la rue pour m'observer, tant mon agitation était grande.

En passant devant l'officine du pharmacien Koniam, je m'arrêtai plus d'une heure à lire les étiquettes innombrables de ses fioles et de ses bocaux : *Assa fœtida*, — *Arsenic*, — *Chlore*, — *Potassium*, — *Baume de Chiron*, — *Remède du Capucin*, — *Remède de mademoiselle Stéfen*, — *de Fioraventi*, etc., etc., etc.

« Grand Dieu! me dis-je, faut-il avoir la main heureuse, pour saisir précisément la fiole qui nous guérira sans expulser la molécule centrale! Faut-il avoir du courage pour s'ingérer de l'*assa fœtida*, du *remède du Capucin*, ou de *Fioraventi*, quand un simple morceau de pain ou de viande nous cause parfois une indigestion ! »

Et le soir, soupant en tête-à-tête avec ma bonne tante, je l'observai d'un œil plein de compassion.

« Hélas! pensais-je en moi-même, que dirais-tu, pauvre Annah Wunderlich, si tu savais que des milliards de bêtes féroces microscopiques s'acharnent à ta ruine, pendant que tu bois tranquillement une tasse de thé!

— Pourquoi me regardes-tu donc ainsi, Théodore? me demanda-t-elle tout inquiète.

— Oh! ce n'est rien... ce n'est rien...

— Si, je vois que tu me trouves mal aujourd'hui ; j'ai l'air souffrant, n'est-ce pas?

— C'est vrai, vous êtes bien pâle. Je parie que vous avez encore reçu de la musique?

— Eh! sans doute. J'ai reçu hier l'opéra du *Grand Darius*, une œuvre sublime, une...

— J'en étais sûr. Vous avez passé la nuit à pianoter, à prendre des poses, à vous extasier, à jeter des « ah! » des « oh! parfait! merveilleux! divin! »

Elle devint pourpre.

« Qu'est-ce que cela signifie, Monsieur? Est-ce que je n'ai plus le droit...?

— Eh! je ne dis pas le contraire; mais c'est ridicule : vous vous ruinez le système nerveux, vous...

— Le système nerveux!... C'est vous qui devenez fou, qui ne savez ce que vous dites.

— Au nom du ciel, calmez-vous, ma tante! La colère dégage de l'électricité, laquelle produit à son tour des insectes par milliards...

— Des insectes! s'écria-t-elle en se levant comme un ressort; des insectes! Avez-vous déjà vu des insectes sur ma personne, malheureux? Comment, vous osez... Mais c'est infâme!... des insectes!... Louise!... Katel!...— Sortez, Monsieur!...

— Mais ma tante...

— Sortez! sortez! Je vous déshérite! »

Elle criait, elle bégayait, son bonnet lui pendait sur l'oreille, c'était épouvantable.

« Voyons, voyons, m'écriai-je en me levant, ne nous fâchons pas! Que diable, ma tante, je ne parle pas des insectes que vous croyez... je parle des myriapodes, des thysanoures, des coléoptères, des lépidoptères, des parasites, enfin de cette multitude innombrable de petits monstres qui s'est logée dans votre corps et qui vous ronge ! »

A ces mots, ma tante Wunderlich tomba dans son fauteuil, les bras pendants, la tête inclinée sur la poitrine, et la face tellement pâle,

L'eau du bocal était devenue trouble. (Page 21.)

que le rouge qu'elle s'était mis sur les pommettes apparaissait comme des taches de sang.

Je ne fis qu'un saut de notre maison à l'hôtel de Selsam.

En entrant chez lui, j'étais, à ce qu'il paraît, blême comme un mort.

« Mon ami... il y a une crise !... »

Mais je m'arrêtai, saisi de stupeur. Une nombreuse société se trouvait réunie chez Selsam : — C'était d'abord M. le conservateur du Musée archéologique, Daniel Brêmer, avec sa grande perruque poudrée et son habit marron, la face pleine et les yeux à fleur de tête comme une grenouille; il tenait à la bouche une sorte de cornemuse gigantesque, et semblait en montrer l'usage aux autres; — puis M. le maître de chapelle, Christian Hoffer, en chapeau à claque, accroupi dans un fauteuil et ses longues jambes allongées à perte de vue sous la table; il faisait jouer, de ses longs doigts osseux, les clefs d'un autre instrument bizarre en forme de tube, et ne leva pas même les yeux sur moi lorsque la porte s'ouvrit, tant cet examen absorbait son attention ; —MM. Kasper Marbach, prosecteur à l'hôpital Sainte-Catherine, et Rebstock, doyen de la Faculté des belles-lettres, tous deux en habit noir et cravate blanche, se trouvaient aussi là, l'un armé d'un immense plateau de bronze, l'autre ceint d'une sorte de tambour de bois des îles à peau de bouc.

Ces gens graves assis autour du candélabre, les joues gonflées, la baguette en l'air, la physionomie méditative, me produisirent un effet

Nous nous glissâmes contre les murs comme des malfaiteurs. (Page 26.)

si grotesque, que je restai cloué sur le seuil, le cou tendu, la bouche béante, comme en présence d'un rêve.

Selsam, sans s'émouvoir, m'avança gravement un siége, et M. le conservateur du Musée poursuivit ses explications :

« Ceci, Messieurs, dit-il, est le fameux *buscatibia* des Suisses : il a des sons terribles, qui se prolongent à travers les échos et dominent le fracas des torrents. Si M. le conseiller Théodore veut le prendre, je ne doute pas qu'il n'en tire des effets grandioses. »

Il me remit cette corne de bœuf d'un air solennel ; et, s'adressant au prosecteur Kasper Marbach :

« Votre tambour, Monsieur, est ce que nous avons de plus admirable dans le genre : c'est le *karabo* des Égyptiens et des Abyssins ; les jongleurs s'en servent pour faire danser les serpents et les bayadères.

— Est-ce cela ? fit le prosecteur, en frappant un coup alternativement de la main droite et de la main gauche.

— Très-bien !... très-bien !... vous réussirez.

— Et quant à M. le doyen, il n'aura qu'à donner un coup, de seconde en seconde, sur son plateau : le fameux *tam-tam*, dont les sons lugubres ressemblent aux glas du gros bourdon de notre cathédrale. Ce sera d'un effet colossal, surtout dans le silence de la nuit... — Avez-vous compris, Messieurs ?

— Très-bien.

— Alors nous pouvons partir.

— Un instant, dit le docteur, il est nécessaire

d'instruire Théodore de notre détermination.»

Puis, s'adressant à moi :

« Mon cher ami, la position de ta respectable tante exige un remède héroïque. Après y avoir longtemps réfléchi, une idée lumineuse est venue m'éclairer. — Quel est son mal? C'est l'affadissement du système nerveux, c'est la débilité résultant de l'abus de la musique. — Eh bien, que faire en pareille circonstance?— Le plus rationnel est de fondre dans le même traitement le principe d'Hippocrate : *Contraria contrariis curantur*, et celui de notre immortel Hahnemann: *Similia similibus curantur.* — Qu'y a-t-il de plus contraire à la musique fade et sentimentale de nos opéras, que la musique sauvage des Hébreux, des Caraïbes et des Abyssins? — Rien. Donc, j'emprunte leurs instruments, j'exécute un air des Hottentots en présence de ta respectable tante, et le principe *contraria contrariis* est satisfait. D'autre part, qu'y a-t-il de plus semblable à la musique que la musique? — Evidemment, rien. Donc, le principe *similia similibus* est aussi satisfait. »

Cette idée me parut sublime.

« Selsam, m'écriai-je, tu es un homme de génie ! Hippocrate a résumé la thèse, et Hahnemann l'antithèse de la médecine; mais toi, tu viens de créer la synthèse : c'est une découverte grandiose !...

—Hé! je le sais bien, fit-il, mais laisse-moi finir. En conséquence je me suis adressé à M. le conservateur du Musée des Voyages, qui non-seulement consent à nous prêter le tam-tam, le busca-tibia, le karabo de sa collection, mais veut bien encore nous offrir son concours et jouer du fifre, ce qui complètera notre improvisation harmonique d'une façon très-heureuse. »

Je m'inclinai profondément devant M. le conservateur, et lui exprimai toute ma gratitude. Il en parut touché et me dit :

« Monsieur le conseiller, je suis heureux de pouvoir vous rendre service, ainsi qu'à la respectable dame Annah Wunderlich, dont les nombreuses vertus sont obscurcies par cette exagération malheureuse des jouissances musicales, et l'abus des instruments à cordes. Puissions-nous réussir à la ramener aux goûts simples de nos pères !

— Oui, puissions-nous réussir ! m'écriai-je.

—En route! Messieurs, dit Selsam, en route ! »

Tout le monde descendit alors le grand escalier. Onze heures sonnaient ; la nuit était sombre, pas une étoile ne brillait au ciel ; un vent d'orage faisait crier les girouettes et balançait les réverbères. Nous nous glissions contre les murs comme des malfaiteurs, chacun de nous tenant son instrument caché sous ses habits.

Arrivés à la porte de ma tante, j'introduisis délicatement la clef dans la serrure, et Selsam ayant allumé un rat-de-cave, nous entrâmes dans le vestibule en silence. Là, chacun prit son poste en face de la chambre à coucher, et, son instrument à la bouche, attendit le signal.

Tout cela s'était fait avec tant de prudence, que rien n'avait bougé dans la maison. Selsam entr'ouvrit même doucement la porte, puis, élevant la voix:

« Partez! » s'écria-t-il.

Et je soufflai dans ma corne de bœuf : le tam-tam, le fifre, le karabo, tout retentit à la fois.

Impossible de rendre l'effet de cette musique sauvage. On aurait dit que la voûte du vestibule allait s'écrouler.

Nous entendîmes un cri ; mais, bien loin de cesser, une sorte de rage nous saisit, et la grosse caisse, le tam-tam, de redoubler leur fracas, au point que moi-même je n'entendais plus les sons de ma trompe, dont le bruit domine cependant les roulements du tonnerre ; mais le tam-tam était encore plus fort : ses vibrations lentes et lugubres éveillaient en nous un sentiment de terreur inexprimable, comme à l'approche d'un festin de cannibales où l'on doit figurer en qualité de rôti; nos cheveux étaient debout sur nos têtes, comme des baguettes : — la trompette du Jugement dernier, sonnant le réveil des morts, ne produira pas un effet plus terrible !

Vingt fois Selsam nous avait crié d'arrêter ; nous étions sourds, une sorte de frénésie diabolique s'était emparée de nous.

Enfin, épuisés, hors d'haleine et pouvant tout au plus nous tenir sur nos jambes, tant nous étions rendus de fatigue, il fallut bien cesser cet épouvantable vacarme.

Alors Selsam, levant le doigt, nous dit :

« Silence !... Écoutons ! »

Mais nos oreilles bourdonnaient, il nous était impossible de percevoir le moindre bruit.

Au bout de quelques minutes, le docteur, inquiet, poussa la porte et pénétra dans la chambre pour voir l'effet de son remède.

Nous l'attendions avec impatience. Il ne revenait pas, et j'allais entrer à mon tour, quand il sortit extrêmement pâle et nous regarda d'un air étrange :

« Messieurs, dit-il, sortons !

—Mais quel est le résultat de l'expérience, Selsam ? »

Je lui tenais le bras ; il se retourna brusquement et me répondit :

« Eh bien... elle est morte !
— Morte ! m'écriai-je en reculant.
— Oui, la commotion électrique a été trop violente : elle a détruit les ascarides, mais elle a malheureusement foudroyé la molécule centrale. Du reste, cela ne prouve rien contre ma découverte, au contraire : — ta tante est morte guérie ! »

Et il sortit.

Nous le suivîmes pâles de terreur. — Une fois dans la rue, nous nous dispersâmes, les uns à droite, les autres à gauche, sans échanger une parole : le dénouement de l'aventure nous avait terrifiés !

Le lendemain, toute la ville apprit que dame Annah Wunderlich était morte subitement. Les voisins prétendirent avoir entendu des bruits étranges, terribles, inusités; mais comme il avait fait dans la nuit un très-grand orage, la police ne fit aucune recherche. D'ailleurs, le médecin appelé à constater le décès déclara que dame Annah était morte d'une attaque d'apoplexie foudroyante, en jouant le duo final du *Grand Darius*; — on l'avait trouvée assise dans un fauteuil, devant son piano !

Tout alla donc pour le mieux et nous ne fûmes pas inquiétés.

Environ six mois après cet événement, le docteur Selsam publia, sur le traitement des helminthes par la musique, un ouvrage qui obtint un succès incroyable. Le prince Hatto de Schlittenhof lui envoya la grande plaque du Vautour noir, et son Altesse la duchesse régnante daigna le féliciter en personne. On parle même de le nommer président de la Société scientifique, à la place du vieux Mathias Kobus. Bref, c'est un homme très-heureux !

Quant à moi, je me reprocherai toute ma vie d'avoir contribué à la mort de ma chère tante Annah Wunderlich, en soufflant pendant un quart d'heure dans cet abominable *busca-tibia*, que le ciel confonde ! Il est vrai que je n'avais pas l'intention de lui nuire ; au contraire, j'espérais la débarrasser de ses ascarides, et lui permettre de vivre encore de longues années ; mais elle n'en est pas moins morte, l'excellente femme, et cela me navre le cœur.

Dieu m'est témoin que l'idée de foudroyer sa molécule centrale ne m'était jamais venue à l'esprit. Hélas ! je l'avoue à ma honte, j'aurais ri au nez de celui qui serait venu me dire qu'avec un air de musique on pouvait tuer « même une simple mouche ! »

FIN DE MON ILLUSTRE AMI SELSAM.

LA PÊCHE MIRACULEUSE

I

Un matin du mois de septembre 1850, le vieux peintre de marines, Andreusse Cappelmans, mon digne maître, et moi, nous fumions tranquillement notre pipe à la fenêtre de son atelier, au dernier étage de la vieille maison qui forme le coin à droite de la rue des Brabançons, sur le pont de Leyde, et nous vidions un pot d'*æle* à notre santé réciproque.

J'avais alors dix-huit ans, la tête blonde et rose; Cappelmans approchait de la cinquantaine; son gros nez rouge prenait des teintes bleuâtres, ses tempes s'argentaient, ses petits yeux gris se plissaient, de grosses rides bridaient ses joues brunes; au lieu de la plume de coq qui faisait jadis sa gloire, il venait d'orner son feutre d'une simple plume de corbeau.

Le temps était superbe. En face de nous se déroulait le vieux Rhin; quelques nuages blancs nageaient au-dessus dans l'azur : le port avec ses gros bateaux noirs, la voile pendante, dormait au-dessous, le soleil miroitait sur les flots bleuâtres et des centaines d'hirondelles fendaient l'air.

Nous étions là, rêveurs, l'âme noyée de sentiment; de grandes feuilles de vigne, encadrant la fenêtre, frissonnaient à la brise, un papillon s'élevait, une volée de moineaux criards s'élançaient à sa poursuite; plus bas, sur le toit de l'échoppe, un gros chat roux s'arrêtait et regardait en balançant la queue d'un air méditatif.

Rien de calme comme ce spectacle, et pourtant Cappelmans était triste, soucieux.

« Maître Andreusse, lui dis-je tout à coup, vous avez l'air de vous ennuyer?

—C'est vrai, fit-il, je suis mélancolique comme un âne qu'on étrille.

—Pourquoi? Le travail va bien; vous avez plus de commandes que vous ne pouvez en remplir, et voici la *kermesse* qui vient dans une quinzaine.

—J'ai fait un vilain rêve!

—Vous croyez aux rêves, maître Cappelmans?

—Je ne suis pas sûr que ce soit un rêve, Christian, car j'avais les yeux ouverts. »

Puis, vidant sa pipe au bord de la fenêtre :
« Tu n'es pas sans avoir entendu parler de mon vieux camarade, Van Marius, dit-il, Van Marius, le fameux peintre de marines, qui comprenait la mer comme Ruysdaël comprenait la campagne, Van Ostade le village, Rembrandt les intérieurs sombres, Rubens les temples et les palais. Ah! c'était un grand peintre; en face de ses tableaux, on ne disait pas : « C'est beau! » On disait : « Que la mer est belle!... qu'elle est grande et terrible! » — On ne voyait pas le pinceau de Van Marius aller et venir; mais l'ombre de la main de Dieu s'étendre sur la toile. Oh! le génie... le génie... quel don sublime, Christian! »

Cappelmans se tut, les lèvres serrées, le sourcil froncé, les larmes aux yeux.

Pour la première fois je le voyais ainsi; cela m'étonnait.

Au bout d'un instant, il reprit :
« Van Marius et moi, nous avions fait ensemble nos études à Utrecht, chez le vieux Ryssen; nous aimions les deux sœurs; nous passions ensemble nos soirées à la taverne de la *Grenouille*, comme deux frères. Plus tard, nous vînmes à Leyde, bras dessus bras dessous. — Van Marius n'avait qu'un défaut, il aimait le genièvre et le *skidam* plus que l'*æle* et le *porter*.

Tu me rendras cette justice, Christian, que je ne me suis jamais grisé qu'avec de l'æle; aussi, je me porte bien. Malheureusement, Van Marius se grisait avec du genièvre. Encore s'il n'en avait bu qu'à la taverne, mais il s'en faisait apporter jusque dans son atelier; il ne travaillait avec enthousiasme que lorsqu'il en avait une ou deux chopines dans l'estomac et que les yeux lui sortaient de la tête. Alors il fallait le voir, il fallait l'entendre hurler, chanter et siffler. Tout en mugissant comme la mer, il brossait sa toile à tour de bras : chaque coup de pinceau soulevait une vague; à chaque sifflement on voyait les nuages approcher, grossir, s'entasser. Tout à coup il prenait sa brosse au vermillon, et voilà que la foudre coulait du ciel noir sur les flots verts, comme un jet de plomb fondu... et dans le lointain, au-dessous de la voûte sombre, au loin, bien loin, on découvrait une barque, un *cutter*, n'importe quoi, écrasé entre les ténèbres et l'écume... C'était épouvantable! — Quand Van Marius peignait des scènes plus calmes, il se faisait jouer de la clarinette par le vieil aveugle Coppélius, à raison de deux florins par jour; il coupait son genièvre avec de l'æle et mangeait des saucisses pour représenter des scènes champêtres. Tu conçois, Christian, qu'avec un régime pareil, il devait se détériorer le tempérament. Combien de fois ne lui ai-je pas dit : « Prends garde, Jan, prends garde, le genièvre te jouera un mauvais tour! »

« Mais, bien loin de m'écouter, il entonnait un refrain bachique d'une voix tonnante, et finissait toujours par imiter le chant du coq. C'était son plaisir favori d'imiter le chant du coq. Ainsi, par exemple, à la taverne, quand son verre était vide, au lieu de frapper sur la table comme tout le monde pour prévenir la servante, il agitait les bras et lançait des *ko-ri-ko!* jusqu'à ce qu'on eût rempli sa chope.

« Depuis longtemps Marius me parlait de son chef-d'œuvre : *la Pêche miraculeuse*. Il m'en avait fait voir les premières esquisses, et j'en étais émerveillé, lorsqu'un beau matin il disparut subitement de Leyde, et, depuis, personne n'a reçu de ses nouvelles. »

Ici, Cappelmans ralluma sa pipe d'un air rêveur et poursuivit :

« Hier soir, j'étais à la taverne du *Cruchon d'Or*, en compagnie du docteur Roëmer, d'Eisenlœffel, et de cinq ou six vieux camarades. Vers dix heures, je ne sais plus à quel propos, Roëmer se mit à déclamer contre les pommes de terre, déclarant que c'était le fléau du genre humain; que depuis la découverte des pommes de terre, les aborigènes de l'Amérique, les Irlandais, les Suédois, les Hollandais, et généralement tous les peuples qui boivent beaucoup de spiritueux, au lieu de jouer comme autrefois leur rôle dans le monde, se trouvaient réduits à l'état de zéros. Il attribuait cette décadence à l'eau-de-vie de pommes de terre, et tout en l'écoutant, — je ne sais par quelle évolution singulière de mon esprit, — le souvenir de Van Marius me revint en mémoire : « Pauvre vieux! me dis-je en moi-même, que fait-il maintenant? A-t-il terminé son chef-d'œuvre? Pourquoi diable ne donne-t-il pas de ses nouvelles? »

« Comme je réfléchissais à ces choses, le watchman Zélig entra dans la salle pour nous prévenir qu'il était temps de quitter la taverne : onze heures sonnaient. — Je rentre donc chez moi, la tête un peu lourde. Je me couche et je m'endors.

« Mais voilà qu'une heure après, Brigitte, la ravaudeuse en face, allume ses rideaux. Elle crie : « Au feu! » J'entends courir dans la rue, j'ouvre les yeux, et qu'est-ce que je vois? Un grand coq noir perché sur un chevalet au beau milieu de mon atelier.

« En moins d'une seconde, les rideaux de la vieille folle avaient flambé, puis s'étaient éteints d'eux-mêmes. Tout le monde s'en allait en riant... Mais le coq noir restait toujours à sa place, et comme la lune brillait entre les tours de l'hôtel de ville, ce singulier animal m'apparaissait on ne peut mieux. Il avait de grands yeux jaunes cerclés de rouge, et se grattait la tête du bout de la patte.

« Je l'observais depuis au moins dix minutes, me demandant par où cet animal bizarre avait pu se glisser dans mon atelier, lorsque, relevant la tête, le voilà qui me dit :

« Comment, Cappelmans, tu ne me reconnais pas? Je suis pourtant l'âme de ton ami Van Marius!

« — L'âme de Van Marius! m'écriai-je. Van Marius est donc mort?

« — Oui, répondit-il d'un air mélancolique, c'est fini, mon pauvre vieux. J'ai voulu jouer la grande partie contre Hérode Van Gambrinus; nous avons bu deux jours et deux nuits sans désemparer. Le matin du troisième jour, comme la vieille Judith éteignait les chandelles, j'ai roulé sous la table! Maintenant, mon corps repose sur la colline d'Osterhaffen, en face de la mer, et je suis à la recherche d'un nouvel organisme... Mais ce n'est pas de cela qu'il s'agit : je viens te demander un service, Cappelmans!

« — Un service! Parle.... Tout ce qu'un homme peut faire, je le ferai pour toi!

« — A la bonne heure! reprit-il, à la bonne heure! j'étais sûr que tu ne me refuserais pas.

Eh bien donc, voici la chose. Tu sauras, Andreusse, que j'étais allé à l'*Anse des Harengs*, tout exprès pour finir *la Pêche miraculeuse*. Malheureusement, la mort m'a surpris avant que j'aie pu mettre la dernière main à cet ouvrage... Gambrinus l'a suspendu comme un trophée, au fond de sa taverne : cela me remplit d'amertume... Je ne serai content que lorsqu'il sera terminé, et je viens te prier de le finir. Tu me promets, n'est-ce pas, Cappelmans?

« —Sois tranquille, Jan, c'est une affaire entendue.

« —Alors, bonsoir ! »

« Et là-dessus, mon coq bat de l'aile, et traverse l'une de mes vitres, avec un bruit sec, sans faire le moindre éclat. »

Après avoir terminé ce récit bizarre, Cappelmans déposa sa pipe sur le bord de la fenêtre et vida sa chope d'un trait.

Nous restâmes longtemps silencieux, nous regardant l'un l'autre.

— Et vous croyez que ce coq noir était réellement l'âme de Van Marius? dis-je enfin au brave homme.

—Si je le crois! fit-il. C'est-à-dire que j'en suis sûr.

—Mais alors que pensez-vous faire, maître Andreusse?

—C'est bien simple ; je vais partir pour Osterhaffen. Un honnête homme n'a qu'une parole : j'ai promis à Van Marius de terminer *la Pêche miraculeuse*, et je la terminerai coûte que coûte. Dans une heure, Van Eyck le borgne doit venir me prendre avec sa charrette. »

Puis s'arrêtant et me regardant d'un œil fixe:

« Eh! fit-il, j'y songe... tu devrais m'accompagner, Christian ; c'est une magnifique occasion de voir l'*Anse des Harengs*. Et puis, on ne sait ce qui peut arriver; je serais content de t'avoir près de moi.

—Je le voudrais bien, maître Andreusse; mais vous connaissez ma tante Catherine, elle ne consentira jamais.

—Ta tante Catherine... je vais lui signifier qu'il est indispensable pour ton instruction de voir un peu la côte. Qu'est-ce qu'un peintre de marines qui ne quitte jamais les environs de Leyde, qui ne connait que le petit port de Kalwyk? Allons donc, c'est absurde!.. Tu viens avec moi, Christian, c'est entendu ! »

Tout en parlant de la sorte, le digne homme passait sa large casaque rouge, et, me prenant ensuite par le bras, il m'emmena gravement chez ma tante.

Je ne vous raconterai pas tous les pourparlers, toutes les objections, toutes les répliques de maître Cappelmans pour décider ma tante Catherine à me laisser partir avec lui. Le fait est qu'il finit par l'emporter, et que deux heures plus tard nous roulions vers Osterhaffen.

II

Notre carriole, attelée d'un petit cheval du Zuyderzée à grosse tête, les jambes courtes et poilues, le dos couvert d'une vieille peau de chien, courait depuis trois heures, de Leyde à l'*Anse des Harengs*, sans paraître avoir avancé d'un pouce.

Le soleil couchant projetait sur la plaine humide d'immenses reflets pourpres; les mares flamboyaient, et tout autour se dessinaient en noir les joncs, les roseaux et les prêles qui croissaient sur leurs rives.

Bientôt le jour disparut, et Cappelmans, sortant de ses rêveries, s'écria :

« Christian, enveloppe-toi bien de ta casaque, rabats les bords de ton feutre, et fourre tes pieds sous la paille. — Hue... Barabas... hue donc! nous marchons comme des escargots. »

En même temps il donnait l'accolade à sa cruche de *skidam*; puis s'essuyant les lèvres du revers de la main, il me la présentait, disant :

« Bois un coup, de peur que le brouillard ne t'entre dans l'estomac. C'est un brouillard salé, tout ce qu'il y a de pire au monde. »

Je crus devoir suivre l'avis de Cappelmans, et cette liqueur bienfaisante me mit aussitôt de bonne humeur.

« Cher Christian, reprit le vieux maître après un instant de silence, puisque nous voilà pour cinq ou six heures dans les brouillards, sans autre distraction que de fumer des pipes et d'entendre crier la charrette, causons d'Osterhaffen. »

Alors le brave homme se mit à me faire la description de la taverne du *Pot de Tabac*, la plus riche en bières fortes et en liqueurs spiritueuses de toute la Hollande.

« C'est dans la ruelle des *Trois-Sabots* qu'elle se trouve, me dit-il. On la reconnait de loin à sa large toiture plate ; ses petites fenêtres carrées, à fleur de terre, donnent sur le port. En face s'élève un grand marronnier; à droite, le jeu de quilles longe un vieux mur couvert de mousse, et derrière, dans la basse-cour, vivent pêle-mêle des centaines d'oie, de poules, de dindons et de canards, dont les cris perçants forment un concert tout à fait réjouissant.

« Quant à la grande salle de la taverne, elle n'a rien d'extraordinaire; mais là, sous les poutres brunes du plafond, au milieu d'un nuage de fumée bleuâtre, trône, dans un comptoir en forme de tonneau, le terrible Hérode Van Gambrinus, surnommé le *Bacchus du Nord!*

« Cet homme-là boit à lui seul deux mesures de *porter*; l'*æle* triple et le *lambic* passent dans son estomac comme dans un entonnoir de fer-blanc; il n'y a que le genièvre qui puisse l'assommer!

« Malheur au peintre qui met le pied dans cet enfer! — je te le dis, Christian, il vaudrait mieux qu'il n'eût jamais vu le jour. — Les jeunes servantes aux longues tresses blondes s'empressent de le servir, et Gambrinus lui tend ses larges mains velues, mais c'est pour lui voler son âme : le malheureux sort de là, comme les compagnons d'Ulysse sortirent de la caverne de Circé! »

Ayant dit ces choses d'un air grave, Cappelmans alluma sa pipe et se prit à fumer en silence.

Moi, j'étais devenu tout mélancolique, une tristesse insurmontable pénétrait dans mon âme. Il me semblait approcher d'un gouffre, et s'il m'eût été possible de sauter de la charrette, — que Dieu me le pardonne! — j'aurais abandonné le vieux maître à son entreprise hasardeuse.

Ce qui me retint encore, c'est l'impossibilité de retourner à travers des marais inconnus, par une nuit sombre. Il me fallut donc suivre le courant et subir le sort funeste que je prévoyais.

Vers dix heures, maître Andreusse s'endormit; sa tête se prit à ballotter contre mon épaule. Moi je tins bon encore plus d'une heure; mais enfin la fatigue l'emporta et je m'endormis à mon tour.

Je ne sais depuis combien de temps nous jouissions du repos, lorsque la charrette s'arrêta brusquement, et que le voiturier s'écria :

« Nous y sommes! »

Cappelmans fit entendre une exclamation de surprise, tandis qu'un frisson me parcourait de la tête aux pieds.

Je vivrais mille ans, que la taverne du *Pot de Tabac*, telle que je la vis alors, avec ses petites fenêtres scintillantes et sa grande toiture qui s'abaisse à quelques pieds du sol, serait toujours présente à ma mémoire.

La nuit était profonde. La mer, à quelque cent pas derrière nous, mugissait, et par-dessus ses clameurs immenses, on entendait nasiller une cornemuse.

Dans les ténèbres, on voyait danser des silhouettes grotesques aux vitres de la baraque. On aurait dit un jouet d'enfant, une lanterne magique, un mirliton posé là dans la nuit pour narguer la scène formidable.

L'allée fangeuse éclairée par une lanterne de corne laissait entrevoir des figures étranges, avançant et reculant dans l'ombre comme des rats dans un égout. La ritournelle poursuivait toujours son train, et ce bruissement nasillard, le petit cheval de Van Eyck, la tête basse, les pieds dans la boue; Cappelmans, qui serrait sa grosse houppelande sur ses épaules en grelottant; la lune, entourée de nuages, regardant à travers quelques crevasses lumineuses : tout confirmait mes appréhensions et me pénétrait d'une tristesse invincible.

Nous allions mettre pied à terre, quand, du milieu des ombres, s'avança brusquement un homme de haute stature, coiffé d'un large feutre, la barbe en pointe, le col rabattu sur le pourpoint de velours noirs, et la poitrine ornée d'une triple chaîne d'or, à la manière des anciens artistes flamands.

« C'est vous, Cappelmans? fit cet homme, dont le profil sévère se dessinait sur les petites vitres du bouge.

—Oui, maître! répondit Andreusse tout stupéfait.

—Prenez garde! reprit l'inconnu en levant le doigt; prenez garde : le tueur d'âmes vous attend !

—Soyez tranquille; Andreusse Cappelmans fera son devoir!

—C'est bien, vous êtes un homme : l'esprit des vieux maîtres est avec vous ! »

Ce disant, l'étranger s'enfonça dans les ténèbres, et Cappelmans, tout pâle, mais l'air ferme et résolu, descendit de la carriole.

Je le suivis plus troublé qu'il ne me serait possible de le dire.

De vagues rumeurs s'élevaient alors de la taverne. On n'entendait plus la cornemuse.

Nous entrâmes dans la petite allée sombre, et bientôt maître Andreusse, qui marchait le premier, s'étant retourné, me dit à l'oreille :

« Attention, Christian! »

En même temps il poussa la porte, et sous les jambons, les harengs et les andouilles suspendus aux poutres noires, j'aperçus une centaine d'hommes assis autour de longues tables, rangées à la file; les uns accroupis comme des magots, les épaules arrondies; d'autres, les jambes écartées, le feutre sur l'oreille, le dos contre le mur, lançant au plafond des nuages de fumée tourbillonnante.

Ils avaient tous l'air de rire, les yeux à demi fermés, les joues bridées jusqu'aux oreilles, et semblaient plongés dans une sorte de béatitude profonde.

Notre carriole courait depuis trois heures... (Page 30.)

A droite, une large cheminée flamboyante envoyait ses traînées de lumière d'un bout de la salle à l'autre; de ce côté, la vieille Judith, longue et sèche comme un manche à balai, la figure empourprée, agitait au milieu des flammes une grande poêle où pétillait une friture.

Mais ce qui me frappa surtout, ce fut Hérode Van Gambrinus lui-même, assis dans son comptoir, un peu à gauche, tel que me l'avait dépeint maître Andreusse, les manches de sa chemise retroussées jusqu'aux épaules sur ses bras velus, les coudes au milieu des chopes luisantes, les joues relevées par ses poings énormes, son épaisse tignasse rousse ébouriffée et sa longue barbe jaunâtre tombant à flots sur sa poitrine. Il regardait d'un œil rêveur la *Pêche miraculeuse*, suspendue au fond de la taverne, juste au-dessus de la petite horloge de bois.

Je le considérais depuis quelques secondes, lorsque, au dehors, non loin de la ruelle des *Trois-Sabots*, la trompe du watchmann se fit entendre, et dans le même instant, la vieille Judith, agitant sa poêle, se prit à dire d'un ton ironique :

« Minuit! Depuis douze jours le grand peintre Van Marius repose sur la colline d'Osterhaffen, et le vengeur n'arrive pas.

—Le voici!... » s'écria Cappelmans en s'avançant au milieu de la salle.

Tous les yeux se fixèrent sur lui, et Gambrinus, ayant tourné la tête, se prit à sourire en se caressant la barbe.

De vagues rumeurs s'élevaient de la taverne. (Page 31.)

« C'est toi, Cappelmans? dit-il d'un ton goguenard. Je t'attendais. Tu viens chercher *la Pêche miraculeuse*?

—Oui, répondit maître Andreusse, j'ai promis à Van Marius de terminer son chef-d'œuvre; je le veux, et je l'aurai !

—Tu le veux et tu l'auras! reprit l'autre; c'est bientôt dit, camarade. Sais-tu que je l'ai gagné, moi, la cruche au poing?

—Je le sais. Et c'est la cruche au poing que j'entends le reprendre.

—Alors tu es bien décidé à jouer *la grande partie?*

—Oui, j'y suis décidé. Que le Dieu juste me soit en aide. Je tiendrai ma parole, ou je roulerai sous la table! »

Les yeux de Gambrinus s'illuminèrent :

« Vous l'avez entendu, s'écria-t-il en s'adressant aux buveurs, c'est lui qui me défie : qu'il soit fait selon sa volonté ! »

Puis se tournant vers maître Andreusse :

« Quel est ton juge?

—Mon juge est Christian Rebstock, » dit Cappelmans en me faisant signe d'approcher.

J'étais ému, j'avais peur.

Aussitôt l'un des assistants, Ignace Van den Brock, bourgmestre d'Osterhaffen, coiffé d'une grande perruque de chiendent, tira de sa poche un papier, et d'un ton de pédagogue il lut :

« Le *wôgt* des biberons a droit au linge blanc,
« au verre blanc, à la blanche chandelle :
« qu'on le serve ! »

Et une grande fille rousse vint déposer ces choses à ma droite.

« Quel est ton juge, à toi? demanda maître Andreusse.

—Adam Van Rasimus. »

Cet Adam Van Rasimus, le nez fleuri, l'échine courbée et l'œil en coulisse, vint prendre place à côté de moi. On le servit de même.

Cela fait, Hérode, tendant sa large main par-dessus le comptoir à son adversaire, s'écria :

« N'emploies-tu ni sortilège ni maléfice?

—Ni sortilège ni maléfice, répondit Cappelmans.

—Es-tu sans haine contre moi?

—Quand j'aurai vengé Fritz Coppélius, Tobie Vogel le paysagiste, Roëmer, Nickel Brauer, Diderich Vinkelmann, Van Marius, tous peintres de mérite noyés par toi dans l'*æle* et le *porter*, et dépouillés de leurs œuvres, alors je serai sans haine. »

Hérode partit d'un immense éclat de rire; et les bras étendus, ses larges épaules rejetées en arrière contre le mur :

« Je les ai vaincus la cruche au poing, s'écria-t-il, honorablement et loyalement, comme je vais te vaincre toi-même. Leurs œuvres sont devenues mon bien légitime ; et quant à ta haine, je m'en moque et je passe outre. — Buvons! »

Alors, mes chers amis, commença une lutte telle qu'on n'en cite pas deux comparables, de mémoire d'homme, en Hollande, et dont il sera parlé dans les siècles des siècles, s'il plaît au Seigneur Dieu : le *blanc* et le *noir* étaient aux prises; les destins allaient s'accomplir !

Une tonne d'*æle* fut déposée sur la table, et deux pots d'une pinte furent remplis jusqu'au bord. Hérode et maître Andreusse vidèrent chacun le leur d'un trait. Ainsi de suite de demi-heure en demi-heure, avec la régularité du tic-tac de l'horloge, jusqu'à ce que la tonne fût vide.

Après l'*æle* on passa au *porter*, et du *porter* au *lambic*.

Vous dire le nombre de barils de bière forte qui furent vidés dans cette bataille mémorable me serait facile : le bourgmestre Van den Brock en a consigné le chiffre exact sur le registre de la commune d'Osterhaffen, pour l'enseignement des races futures; mais vous refuseriez de me croire, cela vous paraîtrait fabuleux.

Qu'il vous suffise de savoir que la lutte dura deux jours et trois nuits. Cela ne s'était jamais vu !

Pour la première fois, Hérode se trouvait en face d'un adversaire capable de lui tenir tête; aussi, la nouvelle s'en étant répandue dans le pays, tout le monde accourait à pied, à cheval, en charrette : c'était une véritable procession; et comme beaucoup ne voulaient pas s'en retourner avant la fin de la lutte, il se trouva qu'à partir du deuxième jour, la taverne ne désemplit pas une seconde; à peine pouvait-on se mouvoir, et le bourgmestre était forcé de frapper sur la table avec sa canne et de crier: « Faites place ! » pour qu'on laissât passer les garçons de cave apportant les barils sur leurs épaules.

Pendant ce temps-là, maître Andreusse et Gambrinus continuaient de vider leurs pintes avec une régularité merveilleuse.

Parfois, récapitulant dans mon esprit le nombre de *moos* qu'ils avaient bus, je croyais faire un rêve et je regardais Cappelmans le cœur serré d'inquiétude; mais lui, clignant de l'œil, s'écriait aussitôt en riant :

« Eh bien, Christian, ça marche ! Bois donc un coup pour te rafraîchir. »

Alors je restais confondu.

« L'âme de Van Marius est en lui, me disais-je; c'est elle qui le soutient! »

Quant à Gambrinus, sa petite pipe de vieux buis aux lèvres, le coude sur le comptoir et la joue dans la main, il fumait tranquillement, comme un honnête bourgeois qui vide sa chope le soir, en songeant aux affaires de la journée.

C'était inconcevable. Les plus rudes buveurs eux-mêmes n'y comprenaient rien.

Le matin du troisième jour, avant d'éteindre les chandelles, voyant que la lutte menaçait de se prolonger indéfiniment, le bourgmestre dit à Judith d'apporter le fil et l'aiguille pour la première épreuve.

Aussitôt il se fit un grand tumulte ; tout le monde se rapprochait pour mieux voir.

D'après les règles de la *grande partie*, celui des deux combattants qui sort victorieux de cette épreuve a le droit de choisir la boisson qui lui convient, et de l'imposer à son adversaire.

Hérode avait déposé sa pipe sur le comptoir. Il prit le fil et l'aiguille que lui présentait Van den Brock, et, soulevant sa lourde masse, les yeux écarquillés, le bras haut, il ajusta ; mais, soit que sa main fût réellement alourdie, ou que le vacillement des chandelles lui troublât la vue, il fut obligé de s'y reprendre à deux fois, ce qui parut faire une grande impression sur les assistants, car ils se regardèrent entre eux tout stupéfaits.

« A votre tour, Cappelmans ! » dit le bourgmestre.

Alors maître Andreusse se levant, prit l'aiguille, et du premier coup il passa le fil.

Des applaudissements frénétiques éclatèrent dans la salle ; on aurait dit que la baraque allait s'écrouler.

Je regardai Gambrinus : sa large figure charnue était bouffie de sang, ses joues tremblaient.

Au bout d'une minute, le silence étant rétabli, Van den Brock frappa trois coups sur la table et s'écria d'un ton solennel :

« Maître Cappelmans, vous êtes glorieux en Bacchus !... Quelle est votre boisson ?

— Du *skidam !* répondit maître Andreusse, du vieux *skidam !* Tout ce qu'il y a de plus vieux et de plus fort ! »

Ces mots produisirent un effet surprenant sur le tavernier.

« Non ! non ! s'écria-t-il ; de la bière, toujours de la bière : pas de *skidam*. »

Il s'était levé tout pâle.

« J'en suis fâché, dit le bourgmestre d'un ton bref ; mais les règles sont formelles : qu'on apporte ce que veut Cappelmans. »

Alors Gambrinus se rassit comme un malheureux qui vient d'entendre prononcer sa condamnation à mort, et l'on apporta du *skidam* de l'an XXII, que nous goûtâmes, Van Rasimus et moi, afin de prévenir toute fraude ou mélange.

Les verres furent remplis et la lutte continua. Toute la population d'Osterhaffen se pressait aux fenêtres.

On avait éteint les chandelles. Il faisait grand jour.

A mesure que la lutte approchait du dénoûment fatal, le silence devenait plus grand. Les buveurs, debout sur les tables, sur les bancs, les chaises, les tonnes vides, regardaient attentifs.

Cappelmans s'était fait servir une andouille et mangeait de bon appétit ; mais Gambrinus ne se ressemblait plus à lui-même ; le *skidam* le stupéfiait ! Sa large face cramoisie se couvrait de sueur, ses oreilles prenaient des teintes violettes, ses paupières s'abaissaient, s'abaissaient. Parfois un tressaillement nerveux lui faisait relever la tête ; alors, les yeux tout grands ouverts, la lèvre pendante, il regardait d'un air hébété ces figures silencieuses pressées les unes contre les autres ; puis il prenait sa cruche à deux mains et buvait en râlant.

Je n'ai rien vu de plus horrible en ma vie.

Tout le monde comprenait que la défaite du tavernier était certaine.

« Il est perdu ! se disait-on. Lui qui se croyait invincible, il a trouvé son maître ; encore une ou deux cruches, et tout sera fini ! »

Cependant quelques-uns prétendaient le contraire ; ils affirmaient qu'Hérode pouvait tenir encore trois ou quatre heures, et Van Rasimus offrait même de parier une tonne d'*œle*, qu'il ne roulerait sous la table que vers le coucher du soleil ; lorsqu'une circonstance, en apparence insignifiante, vint précipiter le dénoûment.

Il était près de midi.

Le garçon de cave Nickel Spitz emplissait les cruches pour la quatrième fois.

La grande Judith, après avoir essayé de mettre de l'eau dans le *skidam*, venait de sortir tout en larmes ; on l'entendait pousser des gémissements lugubres dans la chambre voisine.

Hérode sommeillait.

Tout à coup la vieille horloge se mit à grincer d'une façon bizarre, les douze coups sonnèrent au milieu du silence ; puis le petit coq de bois, perché sur le cadran, battit des ailes et fit entendre un *ko-ko-ri-ko* prolongé.

Alors, mes chers amis, ceux qui se trouvaient dans la salle furent témoins d'une scène épouvantable.

Au chant du coq, le tavernier s'était levé de toute sa hauteur, comme poussé par un ressort invisible.

Je n'oublierai jamais cette bouche entr'ouverte, ces yeux hagards, cette tête livide de terreur.

Je le vois encore étendre les mains pour repousser l'affreuse image. Je l'entends qui s'écrie d'une voix stranguée :

« Le coq ! oh ! le coq !... »

Il veut fuir... mais ses jambes fléchissent !.. et le terrible Hérode Van Gambrinus tombe comme un bœuf sous le coup de l'assommoir, aux pieds de maître Andreusse Cappelmans.

. . . .

Le lendemain, vers six heures du matin, Cappelmans et moi nous quittions Osterhaffen, emportant *la Pêche miraculeuse*.

Notre rentrée à Leyde fut un véritable triomphe ; toute la ville, prévenue de la victoire de maître Andreusse, nous attendait dans les rues, sur les places : on aurait dit un dimanche de kermesse ; mais cela ne parut faire aucune impression sur l'esprit de Cappelmans. Il n'avait pas ouvert la bouche tout le long de la route, et semblait préoccupé.

A peine arrivé chez lui, son premier soin fut de consigner sa porte :

« Christian, me dit le brave homme en se débarrassant de sa grosse houppelande, j'ai besoin d'être seul ; retourne chez ta tante et tâche de travailler. Quand le tableau sera fini, j'enverrai Kobus te prévenir. »

Il m'embrassa de bon cœur et me poussa doucement dehors.

Ce fut un beau jour, lorsque, environ six

semaines plus tard, maître Andreusse vint me prendre lui-même chez dame Catherine et me conduisit dans son atelier.

La *Pêche miraculeuse* était suspendue contre le mur, en face des deux hautes fenêtres.

Dieu, quelle œuvre sublime! Est-il possible qu'il soit donné à l'homme de produire de telles choses!... Cappelmans avait mis là tout son cœur et tout son génie : l'âme de Van Marius devait être satisfaite.

Je serais resté jusqu'au soir, muet d'admiration, devant cette toile incomparable, si le vieux maître, me frappant tout à coup sur l'épaule, ne m'avait dit d'un ton grave :

« Tu trouves cela beau, n'est-ce pas, Christian? Eh bien, Van Marius avait encore une douzaine de chefs-d'œuvre pareils dans la tête. Malheureusement, il aimait trop l'*æle* triple et le *skidam*; son estomac l'a perdu! C'est notre défaut, à nous autres Hollandais. Tu es jeune, que cela te serve de leçon; — le sensualisme est l'ennemi des grandes choses! »

FIN DE LA PÊCHE MIRACULEUSE.

LA VOLEUSE D'ENFANTS

I

En 1787, on voyait errer chaque jour, dans les rues du quartier de Hesse-Darmstadt, à Mayence, une grande femme hâve, les joues creuses, les yeux hagards : image effrayante de la folie.—Cette malheureuse, appelée Christine Evig, ancienne matelassière, demeurant dans la ruelle du Petit-Volet, derrière la cathédrale, avait perdu l'esprit à la suite d'un événement épouvantable.

Traversant un soir la rue tortueuse des Trois-Bateaux, sa petite fille à la main, et s'apercevant tout à coup qu'elle venait de lâcher l'enfant depuis une seconde, et qu'elle n'entendait déjà plus le bruit de ses pas, la pauvre femme s'était retournée en criant :

« Deubche !... Deubche !... où donc es-tu ? »

Personne n'avait répondu, et la rue, aussi loin que s'étendaient ses regards, était déserte.

Alors, courant, criant, appelant, elle était revenue jusqu'au port ; elle avait plongé ses regards dans l'eau sombre qui s'engouffre sous les bateaux. Ses cris, ses gémissements avaient attiré les voisins ; la pauvre mère leur avait expliqué ses angoisses. On s'était joint à elle pour commencer de nouvelles recherches ; mais rien... rien..., pas une trace, pas un indice n'était venu éclairer cet affreux mystère.

Christine Evig, depuis cet instant, n'avait plus remis les pieds chez elle ; nuit et jour elle errait par la ville, criant d'une voix de plus en plus faible et plaintive : « Deubche !... Deubche !... »

On avait pitié d'elle ; les bonnes gens l'hébergeaient, lui donnaient à manger ; tantôt l'un, tantôt l'autre, la vêtissaient de leurs guenilles. Et la police, en présence d'une sympathie si générale, n'avait pas cru devoir intervenir, et plonger Christine dans une maison de force, comme cela se pratiquait à l'époque.

On la laissait donc aller et se plaindre sans s'inquiéter d'elle.

Mais ce qui donnait au malheur de Christine un caractère vraiment sinistre, c'est que la disparition de sa petite fille avait été comme le signal de plusieurs événements du même genre : une dizaine d'enfants avaient disparu depuis d'une manière surprenante, inexplicable, et plusieurs de ces enfants appartenaient à la haute bourgeoisie.

Ces enlèvements s'accomplissaient d'ordinaire à la nuit tombante, lorsque les passants deviennent rares, que chacun regagne sa demeure à la hâte après les affaires.—Un enfant étourdi s'avançait sur le seuil de la maison, sa mère lui criait : « Karl !... Ludwig !... Lotelé !... » absolument comme la pauvre Christine. Point de réponse !... On courait, on appelait, on fouillait le voisinage... C'était fini !

Vous dire les recherches de la police, les arrestations provisoires, les perquisitions, la terreur des familles, serait chose impossible.

Voir mourir son enfant, c'est affreux sans doute, mais le perdre sans savoir ce qu'il est devenu, penser qu'on ne le saura jamais, que ce pauvre petit être si faible, si doux, que l'on pressait sur son cœur avec tant d'amour, souffre peut-être, qu'il vous appelle et qu'on ne peut le secourir ! voilà ce qui dépasse toute imagination, ce que nulle expression humaine ne saurait rendre.

Or, un soir d'octobre de cette année 1787, Christine Evig, après avoir vagué par les rues, était allée s'asseoir sur l'auge de la fontaine de l'Évêché, ses longs cheveux gris épars, les yeux errants autour d'elle comme au milieu d'un rêve.

Les servantes du voisinage, au lieu de s'attarder en causant comme d'habitude autour de la fontaine, se dépêchaient de remplir leur cruche et de regagner la demeure de leur maître.

La pauvre folle seule restait là, immobile sous la pluie glaciale que tamisaient les brouillards du Rhin. Et les hautes maisons d'alentour, avec leurs pignons aigus, leurs fenêtres grillées, leurs lucarnes innombrables, s'enveloppaient lentement de ténèbres.

La chapelle de l'Évêché sonnait alors sept heures, Christine ne bougeait pas et bêlait en grelottant : « Deubche!... Deubche!... »

Mais à l'instant où les pâles lueurs du crépuscule s'éteindirent à la cime des toits avant de disparaître, tout à coup elle tressaillit des pieds à la tête, allongea le cou, et sa face inerte, impassible depuis deux ans, prit une telle expression d'intelligence, que la servante du conseiller Trumf, qui tendait justement sa cruche au goulot, se détourna, saisie de stupeur, pour observer ce geste de la folle.

Au même instant, à l'autre bout de la place, le long des trottoirs, passait une femme, la tête basse, tenant entre ses bras, dans une pièce de toile, quelque chose qui se débattait.

Cette femme, vue à travers la pluie, avait un aspect saisissant ; elle courait comme une voleuse qui vient d'accomplir son coup, traînant derrière elle, dans la boue, ses guenilles fangeuses, et côtoyant les ombres.

Christine Evig avait étendu sa grande main sèche, et ses lèvres s'agitaient balbutiant d'étranges paroles ; mais soudain un cri perçant s'échappa de sa poitrine :

« C'est elle! »

Et, bondissant à travers la place, en moins d'une minute elle atteignit l'angle de la rue des Vieilles-Ferrailles, où la femme venait de disparaître.

Mais là, Christine s'arrêta haletante ; l'étrangère s'était perdue dans les ténèbres du cloaque, et, tout au loin, l'on n'entendait que le bruit monotone de l'eau tombant des gouttières.

Que venait-il de se passer dans l'âme de la folle? S'était-elle souvenue? Avait-elle eu quelque vision, un de ces éclairs de l'âme, qui vous dévoilent en une seconde les abîmes du passé? Je l'ignore.

Toujours est-il qu'elle venait de recouvrer la raison.

Sans perdre une minute à poursuivre l'apparition de tout à l'heure, la malheureuse remonta la rue des Trois-Bateaux comme emportée par le vertige, tourna le coin de la place Gutenberg, et s'élança dans le vestibule du prévôt Kasper Schwartz en criant d'une voix sifflante :

« Monsieur le prévôt, les voleurs d'enfants sont découverts... Ah! bien vite... écoutez... écoutez!... »

M. le prévôt venait de terminer son repas du soir. C'était un homme grave, méthodique, aimant à bien digérer après avoir soupé sans trouble ; aussi la vue de ce fantôme l'impressionna vivement, et, déposant sa tasse de thé qu'il portait justement à ses lèvres :

« Mon Dieu! s'écria-t-il, n'aurai-je donc pas une minute de repos dans la journée? Est-il possible de trouver un homme plus malheureux que moi? Que me veut cette folle, maintenant? Pourquoi l'a-t-on laissée entrer ici? »

A ces mots, Christine, reprenant son calme, répondit d'un air suppliant :

« Ah! Monsieur le prévôt, vous demandez s'il existe un être plus malheureux que vous... mais regardez-moi... regardez-moi donc!... »

Et sa voix avait des sanglots ; ses doigts crispés écartaient ses longs cheveux gris de sa face pâle : elle était effrayante.

« Folle! oui, mon Dieu, je l'ai été... Le Seigneur, dans sa pitié, m'avait voilé mon malheur... mais je ne le suis plus... Oh! ce que j'ai vu... Cette femme emportant un enfant... car c'était un enfant... j'en suis sûre...

— Eh bien! allez au diable, avec votre femme et votre enfant... allez au diable! s'écria le prévôt. Voyez la malheureuse qui traîne ses guenilles sur le parquet. Hans!... Hans!... viendras-tu mettre cette femme à la porte? — Au diable la place de prévôt!... Elle ne m'attire que des désagréments. »

Le domestique parut, et M. Kasper Schwartz, lui montrant Christine :

« Conduis-la dehors, dit-il. Décidément, il faut que demain je rédige une demande en forme, pour débarrasser la ville de cette malheureuse. Nous avons des maisons de fous, grâce au ciel! »

Alors la folle se prit à rire d'une façon lugubre, pendant que le domestique, rempli de pitié, la prenait par le bras et lui disait avec douceur :

« Allons... Christine... Allons... sortez! »

Elle était retombée dans sa folie et murmurait :

« Deubche!... Deubche!... »

II

Tandis que ces choses se passaient chez le

prévôt Kasper Schwartz, une voiture descendait la rue de l'Arsenal; la sentinelle en faction devant le parc à boulets, reconnaissant l'équipage du comte Diderich, colonel du régiment impérial d'Hilbourighausen, porta les armes; un salut lui répondit de l'intérieur.

La voiture, lancée à fond de train, semblait devoir tourner la porte d'Allemagne, mais elle prit la rue de l'Homme-de-Fer et s'arrêta devant l'hôtel du prévôt.

Le colonel, en grand uniforme, descendit, leva les yeux et parut stupéfait, car les éclats de rire lugubres de la folle s'entendaient du dehors.

Le comte Diderich était un homme de trente-cinq à quarante ans, grand, brun, d'une physionomie sévère, énergique.

Il pénétra brusquement dans le vestibule, vit Hans entraîner Christine Evig, et, sans se faire annoncer, il entra dans la salle à manger de maître Schwartz en s'écriant :

« Monsieur, la police de votre quartier est épouvantable !... Il y a vingt minutes, je m'arrêtais devant la cathédrale, au moment de l'Angelus. Au sortir de ma voiture, apercevant la comtesse d'Hilbourighausen qui descendait du perron, je me recule pour lui faire place, et je vois que notre fils, — un enfant de trois ans, assis près de moi, — venait de disparaître. La portière du côté de l'évêché était ouverte : on avait profité du moment où j'abaissais le marchepied, pour enlever l'enfant ! Toutes les recherches faites par mes gens sont demeurées inutiles. Je suis désespéré, Monsieur, désespéré !... »

L'agitation du colonel était extrême; ses yeux noirs brillaient comme l'éclair, à travers deux grosses larmes qu'il cherchait à contenir; sa main froissait la garde de son épée.

Le prévôt paraissait anéanti; sa nature apathique souffrait à l'idée de se lever et de passer la nuit à donner des ordres, à se transporter lui-même sur les lieux, enfin, à recommencer, pour la centième fois, des recherches qui étaient toujours restées infructueuses.

Il aurait voulu remettre l'affaire au lendemain.

« Monsieur, reprit le colonel, sachez que je me vengerai. Vous répondez de mon fils sur votre tête. C'est à vous de veiller à la sécurité publique. Vous manquez à vos devoirs, c'est indigne ! Il me faut un ennemi, entendez-vous ? Oh ! que je sache au moins qui m'assassine ! »

En prononçant ces paroles incohérentes, il se promenait de long en large, les dents serrées, le regard sombre.

La sueur perlait sur le front pourpre de maître Schwartz, qui murmura tout bas en regardant son assiette :

« Je suis désolé, Monsieur, bien désolé; mais c'est le dixième !... Les voleurs sont plus habiles que mes agents; que voulez-vous que j'y fasse ?... »

A cette réponse imprudente, le comte bondit de rage, et saisissant le gros homme par les épaules, il le souleva de son fauteuil :

« Que voulez-vous que j'y fasse !... Ah ! c'est ainsi que vous répondez à un père qui vous demande son enfant !

— Lâchez-moi, Monsieur, lâchez-moi, hurlait le prévôt suffoqué d'épouvante. Au nom du ciel, calmez-vous... une femme... une folle... Christine Evig vient d'entrer ici... elle m'a dit... oui, je me souviens... Hans ! Hans ! »

Le domestique avait tout entendu de la porte, il parut à l'instant :

« Monsieur ?

— Cours chercher la folle.

— Elle est encore là, Monsieur le prévôt.

— Eh bien, qu'elle entre. — Asseyez-vous, Monsieur le colonel. »

Le colonel Diderich resta debout au milieu de la salle, et la minute d'après, Christine Evig rentrait, hagarde et riant d'un air stupide comme elle était sortie.

Le domestique et la servante, curieux de ce qui se passait, se tenaient sur le seuil, bouche béante. Le colonel, d'un geste impérieux, leur fit signe de sortir; puis se croisant les bras en face de maître Schwartz :

« Eh bien, Monsieur, s'écria-t-il, quelle lumière prétendez-vous tirer de cette malheureuse ? »

Le prévôt fit mine de parler; ses grosses joues s'agitèrent.

La folle riait comme on sanglote.

« Monsieur le colonel, dit enfin le prévôt, cette femme est dans le même cas que vous; depuis deux ans elle a perdu son enfant; c'est ce qui l'a rendue folle. »

Les yeux du colonel se gonflèrent de larmes.

« Après ? fit-il.

— Tout à l'heure elle est entrée chez moi; elle paraissait avoir une lueur de raison et m'a dit... »

Maître Schwartz se tut.

« Quoi, Monsieur ?

— Qu'elle avait vu une femme emporter un enfant !...

— Ah !

— Et pensant qu'elle parlait ainsi par égarement d'esprit, je l'ai renvoyée. »

Christine regarda l'eau noire fangeuse. (Page 42.)

Le colonel sourit avec amertume.

« Vous l'avez renvoyée? fit-il.

—Oui... elle m'a paru retomber sur-le-champ dans sa folie.

—Parbleu! s'écria le comte d'une voix tonnante, vous refusez votre appui à cette malheureuse, vous faites disparaître sa dernière lueur d'espérance, vous la réduisez au désespoir, au lieu de la soutenir et de la défendre, comme c'est votre devoir !... Et vous osez garder votre place, vous osez en toucher les émoluments !... ah ! Monsieur ! »

Et s'approchant du prévôt, dont la perruque tremblait, il ajouta d'une voix basse, concentrée :

« Vous êtes un misérable !... Si je ne retrouve pas mon enfant, je vous tue comme un chien. »

Maître Schwartz, ses gros yeux hors de la tête, les mains écarquillées, la bouche pâteuse, ne soufflait mot : l'épouvante le tenait à la gorge, et d'ailleurs il ne savait que répondre.

Tout à coup le colonel lui tourna le dos, et s'approchant de Christine, il la considéra quelques secondes, puis élevant la voix :

« Ma bonne femme, lui dit-il, tâchez de me répondre. Voyons... au nom de Dieu... de votre enfant... où avez-vous vu cette femme? »

Il se tut, et la pauvre folle de sa voix plaintive murmura :

« Deubche !... Deubche !... Ils l'ont tuée !... »

Le comte pâlit, et, dans un accès de terreur, saisissant la folle au poignet :

« Répondez-moi, malheureuse, s'écria-t-il, répondez-moi !... »

« Hé ! que se passe-t-il donc ici ? » (Page 43.)

Il la secouait; la tête de Christine retomba en arrière ; elle jeta un éclat de rire affreux et dit:
« Oui... oui... c'est fini... la méchante femme l'a tuée ! »
Alors le comte sentit ses genoux fléchir, il s'affaissa plutôt qu'il ne s'assit dans un fauteuil, les coudes sur la table, sa face pâle entre les mains, les yeux fixes, comme arrêtés sur une scène épouvantable.
Et les minutes se succédèrent lentement dans le silence.
L'horloge sonna dix heures, les vibrations du timbre firent tressaillir le colonel. Il se leva, ouvrit la porte et Christine sortit.
« Monsieur ? dit maître Schwartz.
—Taisez-vous ! » interrompit le colonel avec un regard foudroyant.

Et il suivit la folle, qui descendait dans la rue ténébreuse.
Une idée singulière venait de le frapper.
« Tout est perdu, s'était-il dit; cette malheureuse ne peut raisonner, elle ne peut comprendre ce qu'on lui demande ; mais elle a vu quelque chose, son instinct peut la conduire. »
Il est inutile d'ajouter que M. le prévôt fut émerveillé d'une pareille issue. Le digne magistrat s'empressa de fermer la porte à double tour, puis une noble indignation s'empara de son âme :
« Menacer un homme tel que moi, s'écria-t-il, me saisir au collet ! Ah ! Monsieur le colonel, nous verrons s'il y a des lois dans ce pays !... Dès demain je vais adresser une

plainte à l'Empereur, et lui dévoiler la conduite de ses officiers, etc.

III

Cependant le comte suivait la folle, et, par un effet étrange de la surexcitation de ses sens, il la voyait dans la nuit, au milieu de la brume, comme en plein jour; il entendait ses soupirs, ses paroles confuses, malgré le souffle continu du vent d'automne engouffré dans les rues désertes.

Quelques bourgeois attardés, le collet de leur houppelande relevé sur la nuque, les mains dans les poches et le feutre enfoncé sur les yeux, couraient, de loin en loin, le long des trottoirs; on entendait les portes se fermer, un volet mal attaché battre la muraille, une tuile enlevée par le vent rouler dans la rue; puis de nouveau l'immense torrent de l'air reprenait son cours, couvrant de sa voix lugubre tous les bruits, tous les sifflements, tous les soupirs.

C'était une de ces froides nuits de la fin d'octobre, où les girouettes, secouées par la bise, tournent éperdues sur le haut des toits, et crient de leur voix stridente : « L'hiver!... l'hiver!... voici l'hiver!... »

En arrivant au pont de bois, Christine se pencha sur la jetée, elle regarda l'eau noire bouillonner entre les bateaux, puis, se relevant d'un air incertain, elle poursuivit sa route, en grelottant et murmurant tout bas :

— Ho! ho! il fait froid !

Le colonel, serrant d'une main les plis de son manteau, comprimait de l'autre les pulsations de son cœur, qui lui semblait près d'éclater.

Onze heures sonnèrent à l'église Saint-Ignace, puis minuit.

Christine Evig allait toujours : elle avait parcouru les ruelles de l'Imprimerie, du Maillet, de la Halle-aux-Vins, des Vieilles-Boucheries, des Fossés-de-l'Évêché.

Cent fois le comte, désespéré, s'était dit que cette poursuite nocturne ne pouvait conduire à rien, que la folle n'avait aucun but; mais, songeant ensuite que c'était sa dernière ressource, il la suivait toujours allant de place en place, s'arrêtant près d'une borne, dans l'enfoncement d'un mur, puis reprenant sa marche incertaine, absolument comme la brute sans asile qui vague au hasard dans les ténèbres.

Enfin, vers une heure du matin, Christine déboucha de nouveau sur la place de l'Évêché.

Le temps semblait alors s'éclaircir un peu ; la pluie ne tombait plus, un vent frais balayait la place, et la lune, tantôt entourée de nuages sombres, tantôt brillant de tout son éclat, brisait ses rayons, limpides et froids comme des lames d'acier, dans les mille flaques d'eau stagnant entre les pavés.

La folle alla tranquillement s'asseoir au bord de la fontaine, à la place qu'elle occupait quelques heures auparavant. Longtemps elle resta dans la même attitude, l'œil morne, les haillons collés sur sa maigre échine.

Toutes les espérances du comte étaient évanouies.

Mais, dans un de ces instants où la lune se dévoilait, projetant sa pâle lumière sur les édifices silencieux, tout à coup la folle se leva, allongea le cou, et le colonel, suivant la direction de son regard, reconnut qu'il plongeait dans la ruelle des Vieilles-Ferrailles, à deux cents pas environ de la fontaine.

Dans le même instant, elle partit comme une flèche.

Le comte était déjà sur ses traces, s'enfonçant dans le pâté de hautes et vieilles masures que domine l'antique église de Saint-Ignace.

La folle semblait avoir des ailes; dix fois il fut au moment de la perdre, tant elle allait vite par ces ruelles tortueuses encombrées de charrettes, de fumiers, de fagots entassés devant les portes à l'approche de l'hiver.

Subitement elle disparut dans une sorte d'impasse remplie de ténèbres, et le colonel dut s'arrêter faute de direction.

Heureusement, au bout de quelques secondes, le rayon jaune et rance d'une lampe se prit à filtrer du fond de ce cul-de-sac, à travers une petite vitre crasseuse ; ce rayon était immobile; bientôt une ombre le voila, puis il reparut.

Evidemment, quelque être veillait dans le bouge.

Qu'y faisait-on ?

Sans hésiter, le colonel marcha droit à la lumière.

Au milieu de l'impasse, il retrouva la folle, debout dans la fange, les yeux écarquillés, la bouche béante, regardant aussi cette lampe solitaire.

L'apparition du comte ne parut pas la surprendre ; seulement, étendant le bras vers la petite fenêtre éclairée au premier, elle dit : « C'est là ! » d'un accent si expressif, que le comte se sentit frémir.

Sous l'impulsion de ce mouvement, il s'élança contre la porte du bouge, l'ouvrit d'un seul coup d'épaule, et se vit en face des ténèbres.

La folle était derrière lui.

« Chut ! » fit-elle.

Et le comte, cédant encore une fois à l'instinct de la malheureuse, se tint immobile prêtant l'oreille.

Le plus profond silence régnait dans la masure ; on eût dit que tout dormait, que tout était mort.

L'église Saint-Ignace sonna deux heures.

Alors un faible chuchotement se fit entendre au premier, puis une vague lueur parut sur la muraille décrépite du fond ; les planches crièrent au-dessus du colonel, et le rayon lumineux, gagnant de proche en proche, éclaira d'abord un escalier en échelle, de vieilles ferrailles entassées dans un coin, un tas de bois, plus loin une petite fenêtre chassieuse ouverte sur la cour, des bouteilles à droite et à gauche, un panier de haillons... que sais-je ? — un intérieur sombre, lézardé, hideux !

Enfin, une lampe de cuivre à mèche fumeuse tenue par une petite main, sèche comme une serre d'oiseau de proie, se pencha lentement sur la rampe de l'escalier, et au-dessus de la lumière apparut une tête de femme, inquiète, les cheveux couleur filasse, les pommettes osseuses, les oreilles hautes, écartées de la tête et presque droites, les yeux gris, scintillant sous de profondes arcades sourcilières ; bref, un être sinistre vêtu d'une jupe crasseuse, les pieds fourrés dans de vieilles savates, les bras décharnés, nus jusqu'aux coudes, tenant d'une main la lampe, et de l'autre une hachette de couvreur à bec tranchant.

A peine cet être abominable eut-il plongé les yeux dans l'ombre, qu'il se reprit à grimper l'échelle avec une souplesse singulière.

Mais il était trop tard ; le colonel avait bondi, l'épée à la main, et tenait déjà la mégère par le bas de sa jupe.

« Mon enfant, misérable ! dit-il ; mon enfant !... »

A ce cri du lion, l'hyène s'était retournée, lançant un coup de hachette au hasard.

Une lutte effrayante s'ensuivit. La femme renversée sur l'escalier cherchait à mordre ; la lampe, tombée au premier instant, brûlait à terre, et sa mèche, pétillant sur la dalle humide, projetait ses ombres mouvantes sur le fond grisâtre de la muraille.

« Mon enfant ! répétait le colonel, mon enfant, ou je te tue !

— Hé ! oui, tu l'auras, ton enfant, répondait d'un accent ironique la femme haletante. Oh ! ce n'est pas fini... va... j'ai de bonnes dents... Le lâche qui m'étrangle... Hé !... là-haut... êtes-vous sourde ?... Lâchez-moi... je... je dirai tout !... »

Elle semblait épuisée, quand une autre mégère plus vieille, plus hagarde, roula de l'escalier en criant :

« Me voici ! »

La misérable était armée d'un grand couteau de boucher ; et le comte, levant les yeux, vit qu'elle choisissait sa place pour le frapper entre les épaules.

Il se jugea perdu ; un hasard providentiel pouvait seul le sauver. La folle, jusqu'alors spectatrice impassible, s'élança sur la vieille en criant :

« C'est elle... la voilà... oh ! je la reconnais... elle ne m'échappera pas ! »

Pour toute réponse, un jet de sang inonda la soupente ; la vieille venait de lui couper la gorge.

Ce fut l'affaire d'une seconde.

Le colonel avait eu le temps de se lever et de se mettre en garde ; ce que voyant, les deux mégères gravirent l'escalier rapidement et disparurent dans les ténèbres.

La lampe fumeuse battait alors de l'aile, et le comte profita de ses dernières lueurs pour suivre les assassins. Mais arrivant au bout de l'escalier, la prudence lui conseilla de ne point abandonner cette issue.

Il entendait Christine râler en bas, et les gouttes de sang tomber de marche en marche, au milieu du silence. C'était horrible !...

De l'autre côté, au fond du repaire, un remue-ménage étrange faisait craindre au comte que les deux femmes ne voulussent s'échapper par les fenêtres.

L'ignorance des lieux le tenait là depuis un instant, quand un rayon lumineux glissant à travers une porte vitrée lui permit de voir les deux fenêtres de la chambre donnant sur l'impasse, éclairées par une lumière extérieure. En même temps, il entendit dans la rue une grosse voix s'écrier :

« Hé ! que se passe-t-il donc ici ?... une porte ouverte ! tiens... tiens !

— A moi ! cria le colonel, à moi ! »

Dans le même instant, la lumière se glissait dans la masure.

« Oh ! fit la voix, du sang !... diable... je ne me trompe pas... c'est Christine !...

— A moi !... » répéta le colonel.

Un pas lourd retentit dans l'escalier ; et la tête barbue du wachtmann Sélig, avec son gros bonnet de loutre, sa peau de chèvre sur les épaules, apparut au haut de l'échelle, dirigeant la lumière de sa lanterne vers le comte.

La vue de l'uniforme stupéfia ce brave homme.

« Qui est là ? demanda-t-il.

— Montez... mon brave... montez !...

—Pardon, colonel... c'est que... en bas...
—Oui... une femme vient d'être assassinée... les assassins sont là. »

Le wachtmann franchit alors les dernières marches, et, la lanterne haute, il éclaira le réduit : c'était une soupente de six pieds au plus, aboutissant à la porte de la chambre dans laquelle les femmes s'étaient réfugiées ; une échelle montant au grenier, à gauche, en resserrait encore l'espace.

La pâleur du comte étonna Sélig ; cependant il n'osait l'interroger, lorsque celui-ci lui demanda :

« Qui demeure ici ?

—Ce sont deux femmes, la mère et la fille ; on les appelle, dans le quartier des Halles, les deux Jösel. La mère vend de la viande au marché, la fille fait de la charcuterie. »

Le comte, se rappelant alors les paroles de Christine prononcées dans le délire : « Pauvre enfant, ils l'ont tuée ! » fut pris de vertige, une sueur de mort couvrit sa face.

Par le plus affreux hasard, il découvrit au même instant, derrière l'escalier, une petite tunique à carreaux bleus et rouges, de petits souliers, une sorte de toque à pompon noir, jetés là dans l'ombre. Il frémit, mais une puissance invincible le poussait à voir, à contempler de ses propres yeux ; il s'approcha donc, frissonnant des pieds à la tête, et souleva ces petites hardes d'une main tremblante : c'étaient celles de son enfant !

Quelques gouttes de sang tachèrent ses doigts.

Dieu sait ce qui se passa dans le cœur du comte! Longtemps adossé au mur, l'œil fixe, les bras pendants, la bouche entr'ouverte, il resta comme foudroyé. Mais soudain il s'élança contre la porte, avec un rugissement de fureur qui épouvanta le wachtmann ; rien n'aurait pu résister à un tel choc ! On entendit s'écrouler dans la chambre les meubles que les deux femmes avaient amoncelés pour barricader l'entrée. La masure en trembla jusque dans ses fondements. Le comte disparut dans l'ombre ; puis des hurlements, des cris sauvages, des imprécations, de rauques clameurs s'entendirent au milieu des ténèbres !

Cela n'avait rien d'humain ; on aurait dit un combat de bêtes féroces se déchirant au fond de leur caverne !

La rue se remplissait de monde. Les voisins pénétraient de toutes parts dans le bouge, criant : « Qu'y a-t-il ? on s'égorge donc ici ? »

Tout à coup le silence se rétablit, et le comte, criblé de coups de couteau, l'uniforme en pièces, rentra dans la soupente, l'épée rouge de sang jusqu'à la garde ; ses moustaches aussi étaient sanglantes, et les assistants durent penser que cet homme venait de se battre à la manière des tigres.

. . . .

Que vous dirai-je encore ?

Le colonel Diderich guérit de ses blessures et quitta Mayence.

Les autorités de la ville jugèrent utile d'épargner aux parents des victimes ces abominables révélations ; je les tiens du wachtmann Sélig lui-même, devenu vieux et retiré dans son village, près de Sarrebrück ; seul il en connaissait les détails, ayant assisté, comme témoin, à l'instruction secrète de cette affaire, devant le tribunal criminel de Mayence.

Otez le *sens moral* à l'homme, et son intelligence, dont il est si fier, ne pourra le préserver des plus horribles passions.

FIN DE LA VOLEUSE D'ENFANTS.

LE BLANC ET LE NOIR

I

Dans ce temps-là, nous passions nos soirées à la brasserie Brauer, qui s'ouvre sur la place du Vieux-Brisach.

Après huit heures arrivaient à la file Frédéric Schultz, le tabellion, Frantz Martin, le bourgmestre, Christophel Ulmett, le juge de paix, le conseiller Klers, l'ingénieur Rothan, le jeune organiste Théodore Blitz, et plusieurs autres honorables bourgeois de la ville, qui tous s'asseyaient à la même table, et dégustaient le *bokbier* mousseux en famille.

L'apparition de Théodore Blitz, qui nous arrivait d'Iéna, sur une lettre de recommandation d'Harmosius, ses yeux noirs, ses cheveux bruns ébouriffés, son nez mince et pâle, sa parole tranchante et ses idées mystiques, jetèrent bien un peu le trouble au milieu de nous. On s'étonnait de le voir se lever brusquement, faire trois ou quatre tours dans la salle en gesticulant, se moquer avec un air étrange des paysages de la Suisse représentés sur les murs : des lacs bleu-indigo, des montagnes vert-pomme, des sentiers rouges ; puis venir se rasseoir, avaler sa chope d'un trait, entamer une discussion sur la musique de Palestrina, sur le luth des Hébreux, sur l'introduction de l'orgue dans nos basiliques, sur le *sépher*, sur les époques sabbatiques, etc. ; contracter les sourcils, planter ses coudes pointus au bord de la table, et se perdre dans des méditations profondes.

Oui, cela nous étonnait bien un peu, nous autres gens graves, habitués aux idées méthodiques ; mais il fallut pourtant s'y faire, et l'ingénieur Rothan lui-même, quoique d'humeur railleuse, finit aussi par se calmer, et ne plus contredire à tout propos le jeune maître de chapelle, quand il avait raison.

Évidemment Théodore Blitz était une de ces organisations nerveuses qui se ressentent de toutes les variations de la température ; or cette année-là fut extrêmement chaude, nous eûmes plusieurs grands orages vers l'automne, et l'on craignait pour les vendanges.

Un soir, tout notre monde se trouvait réuni comme d'habitude autour de la table, à l'exception du vieux juge Ulmett et du maître de chapelle. M. le bourgmestre causait de la grêle, de grands travaux hydrauliques ; moi, j'écoutais le vent se démener dehors dans les platanes du Schlossgarten, et les gouttes d'eau fouetter les vitres. De temps en temps on entendait une tuile rouler sur les toits, une porte se refermer avec force, un volet battre les murs, puis ces immenses clameurs de l'ouragan qui hurle, siffle et gémit au loin, comme si tous les êtres invisibles se cherchaient et s'appelaient dans les ténèbres, tandis que les vivants se cachent et se blottissent dans un coin, pour éviter leur funeste rencontre.

L'église de Saint-Étienne sonnait neuf heures, quand Blitz entra brusquement, secouant son feutre comme un possédé, et criant de sa voix sifflante :

« Maintenant le diable fait des siennes ; le *blanc* et le *noir* se confondent !... Les neuf fois neuf mille neuf cent quatre-vingt-dix mille *Envies* bataillent et se déchirent !... — Va... Arimane, promène-toi... ravage... dévaste !.. les Amschaspands sont en fuite... Oromaze se voile la face !... — Quel temps ! quel temps ! »

Et ce disant, il courait autour de la salle, allongeant ses grandes jambes sèches et riant par saccades.

Nous fûmes tous stupéfaits d'une entrée pareille, et durant quelques secondes, personne ne dit mot ; mais enfin l'ingénieur Rothan, entraîné par son humeur caustique, s'écria :

« Quel galimatias nous chantez-vous là, Monsieur l'organiste ? Que signifient ces Amschaspands ? ces neuf fois neuf mille neuf cent quatre-vingt-dix mille *Envies?* Ha! ha! ha! C'est vraiment trop comique. Où diable allez-vous prendre ce singulier langage ? »

Théodore Blitz s'était arrêté tout court, fermant un œil, tandis que l'autre, tout grand ouvert, étincelait d'une ironie diabolique.

Et quand Rothan eut fini :

« Oh ! ingénieur, oh ! esprit sublime, maître de la truelle et du mortier, dit-il, directeur des moellons, ordonnateur de l'angle droit, de l'angle aigu et de l'angle obtus, vous avez raison, cent fois raison ! »

Et il se courba d'un air moqueur :

« Rien n'existe que la matière, le niveau, la règle et le compas. — Les révélations de Zoroastre, de Moïse, de Pythagore, d'Odin, du Christ ; l'harmonie, la mélodie, l'art, le sentiment, sont des rêves indignes d'un esprit lumineux tel que le vôtre.—C'est à vous seul qu'appartient la vérité, l'éternelle vérité.—Hé ! hé ! hé ! Je m'incline devant vous, je vous salue, je me prosterne devant votre gloire, impérissable comme celle de Ninive et de Babylone ! »

Ayant dit ces mots, il fit deux pirouettes sur ses talons, et partit d'un éclat de rire si perçant, qu'on aurait dit le chant d'un coq qui salue l'aurore.

Rothan allait se fâcher ; mais, au même instant, le vieux Juge Ulmett entra, la tête enfoncée dans son gros bonnet de loutre, les épaules couvertes de sa houppelande vert-bouteille à bordure de renard, les manches pendantes, le dos arrondi, les paupières demi-fermées, ses joues musculeuses et son gros nez rouge ruisselants de pluie.

Il était trempé comme un canard.

Dehors, l'eau tombait par torrents ; les gouttières clapotaient, les gargouilles se dégorgeaient, et les rigoles se gonflaient comme des rivières.

« Ah ! Seigneur ! fit le brave homme, faut-il être fou pour sortir par un temps pareil, et surtout après tant de fatigues : deux enquêtes, des procès-verbaux, des interrogatoires ! Le *bokbier* et les vieux amis me feraient traverser le Rhin à la nage. »

Et, tout en grommelant ces paroles confuses, il ôtait son bonnet de loutre, ouvrait sa large pelisse pour en tirer sa longue pipe d'Ulm, sa blague à tabac et son briquet, qu'il déposait soigneusement sur la table. Après quoi, il suspendit sa houppelande et le bonnet à la tringle d'une croisée en s'écriant :

« Brauer !

—Que désire M. le juge de paix ?

—Vous feriez bien de fermer les volets. Croyez-moi, cette ondée pourrait finir par des coups de tonnerre. »

Le brasseur sortit aussitôt, les volets furent fermés et le vieux juge s'assit dans son coin en exhalant un soupir.

« Vous savez ce qui se passe, bourgmestre ? fit-il alors d'un accent triste.

—Non. Qu'est-ce qui se passe, mon vieux Christophel ? »

Avant de répondre, M. Ulmett promena tout autour de la salle un regard attentif.

« Nous sommes seuls, mes amis, dit-il, je puis bien vous confier cela : on vient de retrouver, vers trois heures de l'après-midi, la pauvre Grédel Dick, sous l'écluse du meunier, au Holderloch.

—Sous l'écluse du Holderloch ! s'écrièrent les assistants.

—Oui... une corde au cou !.. »

Pour comprendre combien ces paroles durent nous saisir, il faut savoir que Grédel Dick était l'une des plus jolies filles de Vieux-Brisach, une grande brune aux yeux bleus, aux joues roses ; la fille unique du vieil anabaptiste Pétrus Dick, qui tenait à ferme les biens considérables du Schlossgarten. Depuis quelque temps, on la voyait triste et grave, elle autrefois si rieuse, le matin au lavoir et le soir à la fontaine au milieu de ses amies. On l'avait vue pleurer, et l'on attribuait son chagrin aux poursuites incessantes de Saphéri Mutz, le fils du maître de poste, un solide gaillard, sec, nerveux, le nez aquilin et les cheveux noirs frisés, qui la suivait comme son ombre et ne lâchait pas son bras les dimanches à la danse.

Il avait même été question de leur mariage ; mais le père Mutz, sa femme, Karl Brêmer son gendre, et sa fille Soffayel s'étaient opposés à cette union, sous prétexte qu'une *païenne* ne pouvait entrer dans la famille.

Grédel avait disparu depuis trois jours. On ne savait ce qu'elle était devenue. Et maintenant, qu'on se figure les mille pensées qui nous traversèrent l'esprit, en apprenant qu'elle était morte. Personne ne songeait plus à la discussion de Théodore Blitz et de l'ingénieur Rothan touchant les esprits invisibles ; tous les yeux interrogeaient M. Christophel Ulmett, qui, sa large tête chauve inclinée, ses épais sourcils blancs contractés, bourrait gravement sa pipe d'un air rêveur.

« Et Mutz... Zaphéri Mutz, demanda le bourgmestre, qu'est-il devenu ? »

Une légère teinte rose colora les joues du

vieillard, qui répondit après quelques secondes de réflexion :

« Zaphéri Mutz... il a pris la clef des champs !...

— La clef des champs ! s'écria le petit Klers ; alors il s'avoue coupable ?

— Ça me produit cet effet-là, dit le vieux juge avec bonhomie ; on ne se sauve pas pour rien. Du reste, nous avons fait une descente de lieux chez son père, et nous avons trouvé toute la maison agitée. Ces gens paraissaient consternés ; la mère bégayait, s'arrachait les cheveux ; la fille avait mis ses habits des dimanches et dansait comme une folle ; impossible de rien tirer d'eux. Quant au père de Grédel, le pauvre homme est dans un désespoir inexprimable ; il ne veut pas compromettre l'honneur de son enfant, mais il est certain que Grédel Dick a quitté volontairement la ferme, pour suivre Zaphéri mardi dernier. Ce fait est attesté par tous les voisins. Enfin, la gendarmerie est en campagne ; nous verrons, nous verrons ! »

Il y eut alors un long silence ; dehors, la pluie tombait à verse.

« C'est abominable ! s'écria tout à coup le bourgmestre, abominable ! et penser que tous les pères de famille, tous ceux qui élèvent leurs enfants dans la crainte de Dieu, sont exposés à de pareils malheurs !

— Oui, répondit le juge Ulmett en allumant sa pipe, c'est comme cela. On a beau dire que tout marche d'après les ordres du Seigneur Dieu, je crois, moi, que l'esprit des ténèbres se mêle de nos affaires beaucoup plus qu'il ne faudrait. Pour un brave homme, combien voyons-nous de mauvais gueux sans foi ni loi ? Et pour une belle action, combien de mauvais coups ? Je vous le demande, mes amis, si le diable voulait compter son troupeau... »

Il n'eut pas le temps de finir, car, dans la même seconde, un triple éclair illumina les fentes des volets et fit pâlir la lampe ; et presque aussitôt suivit un coup de tonnerre, mais un coup de tonnerre sec, brisé, quelque chose à vous faire dresser les cheveux sur la tête : on aurait dit que la terre venait d'éclater.

L'église Saint-Étienne sonnait justement la demie, les lentes vibrations du bronze nous semblaient être à quatre pas ; et tout au loin, bien loin, une voix traînante, plaintive, arrivait à nous, en criant :

« Au secours ! au secours !

— On crie au secours ! bégaya le bourgmestre.

— Oui ! » firent les autres tout pâles et prêtant l'oreille.

Et comme nous étions tous ainsi dans l'épouvante, Rothan, allongeant la lèvre d'un air goguenard, s'écria :

« Hé ! hé ! hé ! c'est la chatte de Mlle Roësel, qui chante sa romance amoureuse à M. *Roller*, le jeune ténor du premier. »

Puis renflant sa voix et levant la main d'un geste tragique, il ajouta :

« Minuit sonnait au beffroi du château ! »

Ce ton moqueur souleva l'indignation générale.

« Malheur à ceux qui rient de pareilles choses ! » s'écria le père Christophel en se levant.

Il s'avançait vers la porte d'un pas solennel, et nous le suivions tous, même le gros brasseur, qui tenait son bonnet de coton à la main et murmurait tout bas une prière, comme s'il se fût agi de paraître devant Dieu. Rothan seul ne bougea point de sa place. Moi, je me tenais derrière les autres, le cou tendu, regardant par-dessus leurs épaules.

La porte vitrée s'ouvrait à peine en grelottant, qu'il y eut un nouvel éclair : la rue, avec ses pavés blancs lavés par la pluie, ses rigoles bondissantes, ses mille fenêtres, ses pignons décrépits, ses enseignes, s'élança brusquement de la nuit, puis recula et disparut dans les ténèbres.

Ce clin d'œil me suffit pour voir la flèche de Saint-Étienne et ses statuettes innombrables drapées dans la lumière blanche de l'éclair, le dessous des cloches attachées aux poutres noires, — leurs battants et leurs cordes plongeant dans la nef, — et, au-dessus, le nid de cigognes à demi déchiré par l'orage, les petits le bec en l'air, la mère effarée, les ailes déployées, et le vieux tourbillonnant autour de l'aiguille scintillante, la poitrine bombée, le cou replié, ses longues pattes rejetées en arrière, comme pour défier les zigzags de la foudre.

C'était une vision bizarre, une vraie peinture chinoise, grêle, fine, légère, quelque chose d'étrange et de terrible, sur le fond noir des nuages crevassés d'or.

Nous restions tous bouche béante sur le seuil de la brasserie, nous demandant : « Qu'avons-nous entendu, Monsieur Ulmett ?... — Que voyez-vous, Monsieur Klers ? »

En ce moment, un miaulement lugubre partit au-dessus de nous, et tout un régiment de chats se mit à bondir dans les cheneaux. En même temps, un éclat de rire retentit dans la salle.

« Eh bien ! eh bien ! criait l'ingénieur, les entendez-vous ? Avais-je tort ?

— Ce n'était rien, murmura le vieux juge, grâce au ciel, ce n'était rien. Rentrons ; la pluie recommence. »

Et tout en allant reprendre sa place, il dit :

Il y eut un nouvel éclair. (Page 47.)

« Faut-il s'étonner, Monsieur Rothan, que l'imagination d'un pauvre vieux bonhomme comme moi radote, quand le ciel et la terre se confondent, et que l'amour et la haine se marient, pour nous montrer des crimes inconnus dans notre pays jusqu'à ce jour? Faut-il s'en étonner? »

Nous reprîmes tous nos places avec un sentiment de dépit contre l'ingénieur, qui seul était resté calme et nous avait vus trembler; nous lui tournions le dos, en vidant des chopes coup sur coup sans dire un mot; lui, le coude au bord de la croisée, sifflait entre ses dents je ne sais quelle marche militaire, dont il battait la mesure des doigts sur les vitres, sans daigner s'apercevoir de notre mauvaise humeur.

Cela durait depuis quelques minutes, lorsque Théodore Blitz reprit en riant :

« M. Rothan triomphe ! Il ne croit pas aux esprits invisibles ; rien ne le trouble, il a bon pied, bon œil et bonne oreille ! Que faut-il de plus pour nous convaincre d'ignorance et de folie?

— Hé! répliqua Rothan, je n'aurais pas osé le dire ; mais vous définissez si bien les choses, Monsieur l'organiste, qu'il n'y a pas moyen de vous désavouer, surtout en ce qui vous concerne personnellement ; car, pour mes vieux amis Schultz, Ulmett, Klers et autres, c'est différent, bien différent ; il peut arriver à tout le monde de faire un mauvais rêve, pourvu que cela ne dégénère pas en habitude. »

Au lieu de répondre à cette attaque directe,

Théodore Blitz est ici, me dis-je. (Page 51.)

Blitz, la tête penchée, semblait prêter l'oreille à quelque bruit du dehors :

« Chut ! fit-il en nous regardant, chut ! »

Il levait le doigt, et l'expression de sa physionomie était si saisissante, que tous nous écoutâmes avec un sentiment de crainte indéfinissable.

Au même instant, de lourds clapotements se firent entendre dans le ruisseau débordé, une main chercha la clanche de la porte, et le maître de chapelle nous dit d'une voix frémissante :

« Soyez calmes... écoutez et voyez !... Que le Seigneur nous soit en aide ! »

La porte s'ouvrit, et Zaphéri Mutz parut.

Quand je vivrais mille ans, la figure de cet homme serait toujours présente à ma mémoire. Il est là... je le vois ! Il s'avance en trébuchant, tout pâle, les cheveux pendants sur les joues, l'œil terne, vitreux, la blouse collée aux reins, un gros bâton au poing. Il nous regarde sans nous voir, comme en rêve. Un ruisseau de fange serpente derrière lui. Il s'arrête, tousse et dit tout bas, comme se parlant à lui-même :

« M'y voilà ! qu'on m'arrête... qu'on me coupe le cou... j'aime mieux ça ! »

Puis se réveillant, et nous regardant l'un après l'autre avec un mouvement de terreur :

« J'ai parlé ! Qu'est-ce que j'ai dit ? Ah ! le bourgmestre... le juge Ulmett !... »

Il avait fait un bond pour fuir ; mais en face de la nuit, je ne sais quel mouvement d'épouvante le rejeta dans la salle.

Théodore Blitz venait de se lever; après nous avoir prévenus d'un regard profond, il s'approcha de Mutz, et, d'un air de confidence, il lui demanda tout bas en montrant la rue ténébreuse :

« Il est là ?
— Oui ! fit l'assassin du même ton mystérieux.
— Il te suit ?
— Depuis la Fischbach.
— Par derrière ?
— Oui, par derrière.
— C'est ça, c'est bien ça, dit le maître de chapelle en nous jetant un nouveau regard, c'est toujours comme ça ! Eh bien, reste ici, Saphéri, assieds-toi là, près de la cheminée. — Brauer, allez chercher les gendarmes ! »

A ce mot de gendarmes, le misérable pâlit affreusement et voulut encore s'échapper ; mais la même horreur le repoussa, et s'affaissant au coin d'une table, la tête entre ses mains :

« Oh ! si j'avais su... si j'avais su ! » dit-il.

Nous étions tous plus morts que vifs. Le brasseur venait de sortir. Pas un souffle ne s'entendait dans la salle : le vieux juge avait déposé sa pipe, le bourgmestre me regardait d'un air consterné, Rothan ne sifflait plus. Théodore Blitz, assis au bout d'un banc, les jambes croisées, regardait la pluie rayer les ténèbres.

Nous restâmes ainsi près d'un quart d'heure, craignant toujours que l'assassin ne prît enfin le parti de fuir ; mais il ne bougeait pas, ses longs cheveux pendaient entre ses doigts, et l'eau coulait de ses habits comme d'une gouttière, sur le plancher.

Enfin un cliquetis d'armes s'entendit dehors, les gendarmes Werner et Keltz parurent sur le seuil. Keltz, lançant un coup d'œil oblique sur l'assassin, leva son grand chapeau en disant :

« Bonne nuit, Monsieur le juge de paix. »

Puis il entra et passa tranquillement une menotte au poignet de Saphéri, qui se couvrait toujours la face.

« Allons, suis-moi, mon garçon, dit-il. Werner, fermez la marche. »

Un troisième gendarme, gros et court, parut dans l'ombre, et toute la troupe sortit.

Le malheureux n'avait pas fait la moindre résistance.

Nous nous regardions les uns les autres tout pâles.

« Bonsoir, Messieurs, » dit l'organiste.

Il s'éloigna.

Et chacun de nous, perdu dans ses réflexions personnelles, s'étant levé, regagna son logis en silence.

Quant à moi, plus de vingt fois je tournai la tête avant d'arriver à ma porte, croyant entendre *l'autre*, celui qui suivait Saphéri Mutz, se glisser sur mes talons.

Et quand enfin, grâce au ciel, je fus dans ma chambre, avant de me coucher et d'éteindre ma lumière, j'eus la sage précaution de regarder sous mon lit, pour me convaincre que ce personnage ne s'y trouvait pas. Il me semble même avoir récité certaine prière, pour l'empêcher de m'étrangler pendant la nuit. Que voulez-vous ? — on n'est pas philosophe tous les jours.

II

Jusqu'alors j'avais considéré Théodore Blitz comme une espèce de fou mystique; sa prétention d'entretenir des correspondances avec les esprits invisibles, au moyen d'une musique composée de tous les bruits de la nature : du frémissement des feuilles, du murmure des vents, du bourdonnement des insectes, me paraissait fort ridicule, et je n'étais pas seul de mon avis.

Il avait beau nous dire que si le chant grave de l'orgue éveille en nous des sentiments religieux, que si la musique guerrière nous porte à la bataille, et les airs champêtres à la contemplation, c'est que ces différentes mélodies sont des invocations aux génies de la terre, lesquels apparaissent soudain au milieu de nous, agissent sur nos organes et nous font participer à leur propre essence, — tout cela me paraissait obscur, et je me doutais pas que l'organiste ne fût un cerveau blessé.

Mais dès lors mes opinions changèrent à son égard, et je me dis qu'après tout l'homme n'est pas un être purement matériel, que nous sommes composés de corps et d'âme; que tout attribuer au corps et tout vouloir expliquer par lui n'est pas rationnel; que le fluide nerveux, agité par les ondulations de l'air, est tout aussi difficile à comprendre que l'action directe des puissances occultes; qu'on ne conçoit pas comment un simple chatouillement, exercé d'après les règles du contre-point, dans notre oreille, provoque en nous des milliers d'émotions agréables ou terribles, élève notre âme vers Dieu, la met en présence du néant, ou réveille en nous l'ardeur de la vie, l'enthousiasme, l'amour, la crainte, la pitié... Non, je ne trouvai plus cette explication satisfaisante; les idées du maître de chapelle me parurent bien plus grandes, plus fortes, plus justes et plus acceptables sous tous les rapports.

D'ailleurs, comment expliquer par le chatouillement nerveux l'arrivée de Saphéri Mutz à la brasserie? comment expliquer l'épouvante du malheureux, qui le forçait à se livrer lui-même, et la perspicacité merveilleuse de Blitz lorsqu'il nous disait : « Chut! écoutez... il arrive... que le Seigneur nous protége ! »

En résumé, toutes mes préventions contre le monde invisible disparurent, et des faits nouveaux vinrent me confirmer dans cette manière de voir.

Environ quinze jours après la scène dont j'ai parlé plus haut, Saphéri Mutz avait été transféré par la gendarmerie dans les prisons de Fribourg. Les mille rumeurs éveillées par la mort de Grédel Dick commençaient à s'assoupir; la pauvre fille dormait en paix derrière la colline des Trois-Fontaines, et les gens s'entretenaient des prochaines vendanges.

Un soir, vers cinq heures, au sortir du grand entrepôt de la douane, où j'avais dégusté quelques pièces de vin pour le compte de Brauer, qui se fiait plus à moi, sous ce rapport, qu'à lui-même, la tête un peu lourde, je me dirigeai par hasard dans la grande allée des Platanes, derrière l'église Saint-Étienne.

Le Rhin déployait à ma droite sa nappe d'azur, où quelques pêcheurs jetaient leurs filets; à ma gauche s'élevaient les antiques fortifications de la ville. L'air commençait à se rafraîchir, le flot chantait son hymne éternel, les brises du Schwartz-Wald agitaient le feuillage; et comme j'allais ainsi, ne songeant à rien, tout à coup les sons d'un violon frappèrent mon oreille.

J'écoutai.

La fauvette à tête noire ne met pas plus de grâce, de délicatesse, dans l'exécution de ses trilles rapides, ni d'enthousiasme dans le jet de son inspiration. Mais cela ne ressemblait à rien, cela n'avait ni repos ni mesure : c'était une cascade de notes délirantes d'une justesse admirable, mais dépourvues d'ordre et de méthode.

Et puis, à travers l'élan de l'inspiration, quelques traits aigres, incisifs, vous pénétraient jusqu'à la moelle des os.

« Théodore Blitz est ici, » me dis-je en écartant les hautes branches d'une haie de sureau au pied du talus.

Alors je me vis à trente pas de la poste, près du guévoir couvert de lentilles d'eau, où des grenouilles énormes montraient leur nez camard. Un peu plus loin s'élevaient les écuries avec leurs larges hangars, et la maison d'habitation toute décrépite. Dans la cour, entourée d'un mur à hauteur d'appui et d'une grille vermoulue, se promenaient cinq ou six poules, et sous la grande échoppe couraient des lapins, la croupe en l'air, la queue en trompette ; ils me virent et disparurent comme des ombres sous la porte de la grange.

Pas un autre bruit que le murmure du fleuve et la fantaisie bizarre du violon ne s'entendait.

Comment diable Théodore Blitz était-il là?

L'idée me vint qu'il expérimentait sa musique sur la famille des Mutz, et, la curiosité me poussant, je me glissai derrière le petit mur d'enceinte, pour voir ce qui se passait à la ferme.

Les fenêtres en étaient toutes grandes ouvertes, et, dans une salle basse, profonde, aux poutres brunes, de plain-pied avec la cour, j'aperçus une longue table servie avec toute la somptuosité des fêtes de village ; plus de trente couverts en faisaient le tour ; mais ce qui me stupéfia, ce fut de ne voir que cinq personnes en face de ce grand service : le père Mutz, sombre et rêveur, en habit de velours noir à boutons de métal, sa large tête osseuse, grisonnante, contractée par une pensée fixe, ses yeux caves en arrêt devant lui ; — le gendre, figure sèche, insignifiante, le col de sa chemise remontant jusqu'au-dessus de ses oreilles ; — la mère, en grand bonnet de tulle, l'air égaré, — la fille, assez jolie brune, coiffée d'un béguin de taffetas noir à paillettes d'or et d'argent, le sein enveloppé d'un fichu de soie aux mille couleurs ; — enfin, Théodore Blitz, le tricorne sur l'oreille, le violon serré entre l'épaule et le menton, ses petits yeux scintillant, la joue relevée par une grosse ride, et les coudes allant et venant comme ceux d'une cigale qui râcle son ariette stridente dans les bruyères.

Les ombres du soleil couchant, la vieille horloge avec son cadran de faïence à fleurs rouges et bleues, le coin d'une herse sur lequel retombait le rideau de l'alcôve à carreaux gris et blancs, et surtout la musique de plus en plus discordante, me produisirent une impression indéfinissable : je fus saisi d'une véritable terreur panique. — Était-ce l'effet du rudesheim que j'avais trop longtemps respiré? Étaient-ce les teintes blafardes du soir qui venait? Je l'ignore ; mais, sans regarder davantage, je me glissais tout doucement, les reins courbés le long du mur, pour regagner la route, quand un chien énorme bondit vers moi de toute la longueur de sa chaîne, et me fit pousser un cri de surprise.

« Tirik ! » cria le vieux maître de poste.

Et Théodore, m'ayant aperçu, s'élança de la salle en criant :

« Eh ! c'est Christian Spéciès ! Entrez donc, mon cher Christian ; vous arrivez à propos ! »

Il traversa la cour, et, venant me prendre au bras :

« Mon cher ami, me dit-il avec une animation singulière, voici l'heure où le *noir* et le *blanc* sont aux prises... Entrez... entrez ! »

Son exaltation m'épouvantait ; mais il ne voulut pas écouter mes observations, et m'entraîna sans qu'il me fût possible de faire aucune résistance.

« Vous saurez, cher Christian, disait-il, que nous avons baptisé ce matin un ange du Seigneur, le petit Nickel-Saphéri Brêmer. J'ai salué sa venue dans ce monde de délices, par le chœur des *Séraphins*. Et maintenant, figurez-vous que les trois quarts de nos invités sont en fuite. Hé ! hé ! hé ! Entrez donc, vous êtes le bienvenu ! »

Il me poussait par les épaules, et, bon gré mal gré, je franchis le seuil.

Tous les membres de la famille Mutz avaient tourné la tête. J'eus beau refuser de m'asseoir, ces gens enthousiastes m'entouraient :

« Celui-ci fera le sixième ! criait Blitz, le nombre six est un beau nombre ! »

Le vieux maître de poste me serrait les mains avec émotion, disant :

« Merci, Monsieur Spéciès, merci d'être venu ! On ne dira pas que les honnêtes gens nous fuient.... que nous sommes abandonnés de Dieu et des hommes !... Vous resterez jusqu'à la fin ? »

—Oui, balbutia la vieille avec un regard suppliant, il faut que M. Spéciès reste jusqu'à la fin ; il ne peut nous refuser cela. »

Je compris alors pourquoi cette table était si grande, et le nombre des convives si petit : tous les invités du baptême, songeant à Grédel Dick, avaient trouvé des prétextes pour ne pas venir.

L'idée d'un pareil abandon me serra le cœur.

« Mais certainement, répondis-je, certainement... je reste... et c'est avec plaisir... avec grand plaisir. »

Les verres furent remplis, et nous bûmes d'un vin âpre et fort, d'un vieux *markobrünner* dont le bouquet austère me remplit de pensées mélancoliques.

La vieille, me posant sa longue main sur l'épaule, murmura :

« Encore un petit coup, Monsieur Spéciès, encore un petit coup ! »

Et je n'osai refuser.

En ce moment Blitz, plongeant son archet sur les cordes vibrantes, me fit passer un frisson glacial par tous les membres.

« Ceci, mes amis, s'écria-t-il, est l'invocation de Saül à la pythonisse ! »

J'aurais voulu fuir ; mais, dans la cour, le chien hurlait d'une façon lamentable, la nuit venait, la salle se remplissait d'ombres ; les traits accentués du père Mutz, ses yeux égarés, la pression douloureuse de ses larges mâchoires n'avaient rien de rassurant.

Blitz râclait, râclait toujours son invocation à tour de bras ; la ride qui contournait sa joue gauche se creusait de plus en plus, la sueur perlait sur ses tempes.

Le maître de poste remplit de nouveau nos verres, et me dit d'un accent sourd, impérieux :

« A votre santé !

—A la vôtre, Monsieur Mutz ! » répondis-je en tremblant.

Tout à coup, l'enfant dans son berceau se prit à vagir, et Blitz, par une ironie diabolique, l'accompagna de notes aigres en criant :

« C'est l'hymne de la vie... hé ! hé ! hé ! Bien des fois le petit Nickel le chantera jusqu'à ce qu'il soit chauve... hé ! hé ! hé ! »

La vieille horloge, en même temps, grinça dans son étui de noyer, et comme je levais les yeux, étonné de ce bruit, je vis sortir de la patraque un petit automate, sec, chauve, les yeux creux, le sourire moqueur, bref, la Mort qui s'avançait à pas comptés, et qui se mit à faucher par secousses, quelques brins de papier peints en vert, au bord de la boîte. Puis, au dernier coup, elle fit demi-tour et rentra dans son trou comme elle était venue.

« Que le diable emporte l'organiste de m'avoir conduit ici ! me dis-je ; un joli baptême... et des gens bien gais... hé ! hé ! hé ! »

Je remplis mon verre pour me donner du courage.

« Allons... allons... le sort en est jeté ; personne n'échappe à son sort ; j'étais destiné, depuis l'origine des siècles, à sortir ce soir de la douane, à me promener dans l'allée de Saint-Landolphe, à venir malgré moi dans cette abominable coupe-gorge, attiré par la musique de Blitz ; à boire du *markobrünner* qui sent le cyprès et la verveine, et à voir la Mort faucher des herbes peintes : — c'est drôle.. c'est véritablement drôle. »

Ainsi rêvais-je, en riant du sort des hommes, lesquels se croient libres, et sont conduits par des fils attachés aux étoiles. Les mages l'ont dit, il faut le croire.

Je riais donc dans l'ombre, quand la musique se tut.

Un grand silence suivit ; l'horloge continuait seule son tic-tac monotone ; et dehors, la lune, au-delà du Rhin, montait lentement derrière le feuillage tremblotant d'un peuplier ; sa pâle lumière ricochait sur les vagues innombrables. Je voyais cela ; et dans cette lumière passait une barque noire : un homme debout sur la barque, également noir, le demi-manteau flottant sur les reins, et le grand chapeau à larges bords garni de banderoles.

Il passa comme un rêve. — Je sentais alors mes paupières s'appesantir.

« Buvons ! » cria le maître de chapelle.

Les verres cliquetèrent.

« Comme le Rhin chante bien !... il chante le cantique de Barthold Gouterolf, fit le gendre.

• Ave... ave... stella !... »

Personne ne répondit.

Au loin, bien loin, on entendait deux rames battre le flot en cadence.

« C'est aujourd'hui que Saphéri doit recevoir sa grâce ! » s'écria tout à coup le vieux maître de poste d'une voix enrouée.

Il ruminait sans doute cette pensée depuis longtemps. C'est elle qui le rendait si triste. J'en eus la chair de poule.

« Il songe à son fils, me dis-je, à son fils qu'on doit pendre ! »

Et je me sentis froid le long du dos.

« Sa grâce ! fit la fille avec un éclat de rire étrange, oui... sa grâce !... »

Théodore me toucha l'épaule, et, se penchant à mon oreille, me dit :

« Les esprits arrivent !... ils arrivent !... »

—Si vous parlez de cela, cria le gendre dont les dents claquaient, si l'on parle de ça, moi je m'en vais !...

—Va-t'en, va-t'en, trembleur ! répondit la fille ; on n'a pas besoin de toi.

—Eh bien ! oui, je m'en vais, » dit-il en se levant.

Et, décrochant son feutre de la muraille, il sortit à grands pas.

Je le vis passer rapidement devant les fenêtres, et j'enviai son sort.

Comment faire pour m'en aller ?

Quelque chose marchait sur le mur en face ; je regardai, les yeux écarquillés de surprise, et je reconnus que c'était un coq. Plus loin, entre les palissades vermoulues, le fleuve brillait et ses grandes lames se déployaient lentement sur la grève ; la lumière sautillait dessus, comme un nuage de mouettes aux grandes ailes blanches. Ma tête était pleine d'ombres et de reflets bleuâtres.

« Écoute, Pétrus, cria la vieille au bout d'un instant, écoute : c'est toi qui es cause de ce qui nous arrive !

—Moi ! fit le vieillard d'un accent sourd, irrité, moi, j'en suis cause ?

—Oui, tu n'as jamais eu pitié de notre garçon ; tu ne lui passais jamais rien ! Est-ce que tu ne pouvais pas lui laisser prendre cette fille ?

—Femme, dit le vieillard, au lieu d'accuser les autres, songe que le sang retombe sur ta tête. Depuis vingt ans, tu n'as fait que me cacher les fautes de ton fils. Quand je l'avais puni de son méchant cœur, de sa mauvaise colère, de son ivrognerie, toi, tu le consolais, tu pleurais avec lui, tu lui donnais de l'argent en cachette, tu lui disais : « Ton père ne « t'aime pas... c'est un homme dur ! » Et tu mentais, pour te faire aimer plus. Tu me volais la confiance et le respect qu'un enfant doit à ceux qui l'aiment et qui le corrigent. Et quand il a voulu prendre cette fille, je n'avais plus assez de force pour le faire obéir.

—Tu n'avais qu'à dire oui ! hurla la vieille.

—Et moi, dit le vieillard, j'ai voulu dire non, parce que ma mère, ma grand'mère, et tous les hommes et les femmes de la famille, ne pouvaient recevoir cette païenne dans le ciel !

—Dans le ciel ! ricana la vieille, dans le ciel. »

Et la fille d'un ton aigre ajouta :

« Depuis que je me rappelle, le père ne nous a jamais donné que des coups.

—Parce que vous les méritiez, répondit le vieillard ; ça me faisait plus de peine qu'à vous !

—Plus de peine... hé ! hé ! hé ! plus de peine ! »

En ce moment, une main me toucha le bras ; je tressaillis, c'était Blitz ; un rayon de lune, ricochant sur les vitres, l'éclaboussait de lumière ; sa figure pâle, sa main étendue ressortaient des ténèbres. Je suivis du regard la direction de son doigt, car il me montrait quelque chose, et je vis le plus terrible spectacle dont il me souvienne : — une ombre immobile, bleue, se détachait devant la fenêtre, sur la nappe blanche du fleuve ; cette ombre avait la forme humaine, et semblait suspendue entre le ciel et la terre ; sa tête tombait sur la poitrine, ses coudes se dressaient en équerre le long de l'échine, et les jambes toutes droites s'allongeaient en pointe.

Comme je regardais, les yeux arrondis et bridés d'épouvante, chaque détail m'apparaissait dans cette figure blafarde : je reconnus Saphéri Mutz, et, au-dessus de ses épaules voûtées, la corde, le croc et le cadre du gibet ; puis, au bas de ce funèbre appareil, une figure blanche, à genoux, les cheveux épars : Grédel Dick, les mains jointes, en prière.

Il paraît qu'au même instant tous les autres virent comme moi cette apparition étrange, car j'entendis le vieux gémir :

« Seigneur Dieu... Seigneur Dieu, ayez pitié de nous ! »

Et la vieille, d'une voix basse, suffoquée, murmura :

« Saphéri est mort ! »
Elle se prit à sangloter.
Et la fille cria :
« Saphéri ! Saphéri ! »
Mais alors tout disparut, et Théodore Blitz, me prenant par la main, me dit :
« Partons. »
Nous sortîmes. La nuit était belle ; les feuilles tremblotaient avec un doux murmure.

Comme nous courions tout effarés dans la grande allée des Platanes, une voix lointaine, mélancolique, chantait sur le fleuve la vieille ballade allemande :

<blockquote>
La tombe est profonde et silencieuse,
Son bord est horrible !
Elle étend un manteau sombre,
Elle étend un manteau sombre
Sur la patrie des morts.
</blockquote>

« Ah ! s'écria Blitz, si Grédel Dick n'avait pas été là, nous aurions vu l'*autre*, le grand noir, décrocher Saphéri ; mais elle priait pour lui, la pauvre âme... elle priait pour lui : Ce qui est *blanc* reste *blanc* ! »

Et la voix lointaine, toujours plus faible, reprit au murmure des vagues :

<blockquote>
La mort n'a pas d'échos
Pour le chant du rossignol.
Les roses qui croissent sur la tombe,
Les roses qui croissent sur la tombe
Sont des roses de douleur.
</blockquote>

Or, la scène horrible qui venait de s'accomplir sous mes yeux, et cette voix lointaine, mélancolique, — qui, s'éloignant de plus en plus, finit par s'éteindre dans l'étendue, — me sont restées comme une image confuse de l'infini, de cet infini qui nous absorbe impitoyablement et nous engloutit sans retour ! Les uns en rient comme l'ingénieur Rothan ; les autres en tremblent, comme le bourgmestre ; d'autres en gémissent d'un accent plaintif ; et d'autres, comme Théodore Blitz, se penchent sur l'abîme pour voir ce qui se passe au fond. Mais tout cela revient au même, et la fameuse inscription du temple d'Isis est toujours vraie : « Je suis celui qui est, — et nul n'a jamais pénétré le mystère qui m'entoure, nul ne le pénétrera jamais. »

FIN DE LE BLANC ET LE NOIR.

LE CABALISTE
HANS WEINLAND

Notre professeur de métaphysique Hans Weinland était ce que les cabalistes appellent un *archétype*, grand, maigre, le teint plombé, les cheveux roux, le nez crochu, l'œil gris, la lèvre ironique, surmontée d'une longue moustache à la prussienne.

Il nous émerveillait tous par les évolutions de sa logique, par l'enchaînement de ses arguments, par les traits moqueurs, acérés, qui lui venaient aussi naturellement que les épines sur un buisson de ronces.

Malgré toutes les traditions universitaires, cet original portait d'habitude un grand chapeau tromblon surmonté d'une plume de coq, une redingote à brandebourgs, des pantalons très-larges, et des bottes à la hussarde ornées de petits éperons d'argent, ce qui lui donnait une tournure assez belliqueuse.

Or, un beau matin, maître Hans, qui m'aimait beaucoup, et m'appelait parfois, en clignant les yeux d'une façon bizarre, « le fils du dieu bleu, » maître Hans entra dans ma chambre et me dit :

« Christian, je viens te prévenir que tu peux chercher un autre professeur de métaphysique : je pars dans une heure pour Paris.

—Pour Paris !... Qu'allez-vous faire à Paris ?

—Argumenter, discuter, ergoter... que sais-je ? fit-il en haussant les épaules.

—Alors autant rester ici.

—Non, de grandes choses se préparent. Et d'ailleurs j'ai d'excellentes raisons pour détaler. »

Puis allant entr'ouvrir la porte et voir si personne ne pouvait nous entendre, il revint et me dit à l'oreille :

« Tu sauras que j'ai passé, ce matin, une rapière de trois coudées dans le ventre du major Krantz.

—Vous ?

—Oui. — Figure-toi que cet animal avait poussé l'audace jusqu'à me soutenir hier, en pleine brasserie Gambrinus, que l'âme est une pure affaire d'imagination. Naturellement je lui ai cassé ma chope sur la tête ; si bien que ce matin, nous sommes allés dans un petit endroit tout près de la rivière, et là je lui ai servi un argument matérialiste de première force. »

Je le regardai tout ébahi.

« Et vous partez pour Paris ? repris-je après un instant de silence.

—Oui. J'ai touché mon trimestre il y a trois ou quatre jours ; cet argent me suffira pour le voyage. Mais il n'y a pas une minute à perdre ; tu connais la rigueur des lois sur le duel ; le moins qui pourrait m'arriver serait de passer deux ou trois années sous les verrous, et, ma foi, je préfère prendre la clef des champs. »

Hans Weinland me racontait ces choses, assis au bord de ma table, et roulant une cigarette entre ses longs doigts maigres. Il me donna ensuite quelques détails sur sa rencontre avec le major Krantz, et finit par me dire qu'il venait me demander mon passe-port à l'étranger, sachant que j'avais fait récemment un tour en France.

« Il est vrai que j'ai huit ou dix ans plus que toi, me dit-il en terminant, mais nous sommes tous les deux très-roux et très-maigres : j'en serai quitte pour faire couper mes moustaches.

—Maître Hans, lui répondis-je tout ému, je voudrais pouvoir vous rendre le service que

Montons jusqu'au belvédère. (Page 59.)

vous me demandez, mais cela m'est impossible ; c'est contraire à mes principes philosophiques. Mon passe-port est dans le tiroir de mon secrétaire, à côté de la *Raison pure* de Kant. Je vais faire un tour sur la place des Acacias....

—C'est bon ! c'est bon ! dit-il, je comprends tes scrupules, Christian ; ils t'honorent, mais je ne les partage pas. Embrassons-nous ; je me charge du reste ! »

Quelques heures plus tard, toute la ville apprit avec stupeur, que le professeur de métaphysique Hans Weinland avait tué le major Krantz d'un furieux coup de rapière.

La police se mit aussitôt à la recherche du meurtrier ; elle fouilla de fond en comble son petit logement de la rue des Alouettes, mais toutes ses recherches furent inutiles.

On enterra le major avec les honneurs dus à son grade, et durant six semaines il ne fut question que de cette affaire dans les brasseries ; puis tout rentra peu à peu dans l'ordre accoutumé.

Environ quinze mois après cet événement étrange, mon digne oncle, le prorecteur Zacharias, m'envoya compléter mes études à Paris ; il désirait me voir succéder un jour à sa haute position ; rien ne lui coûtait pour faire de moi, comme il disait, un flambeau de la science.

Je partis donc à la fin du mois d'octobre 1831.

Sur la rive gauche de la Seine, entre le Panthéon, le Val-de-Grâce et le Jardin-des-Plantes,

Au fond de la gorge où se traîne le vieux Gange. (Page 62.)

s'étend un quartier presque solitaire ; les maisons y sont hautes et décrépites, les rues fangeuses, les habitants déguenillés.

Quand il vous arrive d'égarer vos pas dans cette direction, les gens s'arrêtent au coin des rues pour vous observer ; d'autres s'avancent sur le seuil de leurs tristes masures, d'autres penchent la tête à leurs lucarnes. Ils vous regardent d'un air de convoitise, et ces regards vont jusqu'au fond de vos poches.

A l'extrémité de ce quartier, dans la rue Copeau, s'élève une maison étroite, isolée, entre d'antiques murailles de clôture, par-dessus lesquelles s'étendent les rameaux noirs de quelques ormes centenaires.

Au pied de cette maison s'ouvre une porte basse, voûtée ; au-dessus de la porte brille la nuit une lanterne, suspendue à une tige de fer ; au-dessus de la lanterne, trois fenêtres chassieuses miroitent dans l'ombre; plus haut, trois autres; ainsi de suite jusqu'au sixième.

C'est là, chez la dame Genti, veuve du sieur Genti, ex-brigadier de la garde royale, que je fis transporter ma malle et mes livres, sur la recommandation expresse de M. le doyen Van den Bosch, qui se souvenait d'avoir habité le susdit hôtel du temps de l'empire.

Je frémis encore en songeant aux tristes jours que je passai dans cette abominable demeure, assis en hiver près de ma petite cheminée, qui donnait plus de fumée que de chaleur, abattu, malade, obsédé par la dame Genti, qui m'exploitait avec une rapacité vraiment incroyable.

Je me souviendrai toujours qu'après six mois

de brume, de pluie, de boue et de neige, un matin qu'il faisait un peu de soleil, et qu'ayant franchi la grille du Jardin-des-Plantes, je vis les premières feuilles sortir des bourgeons, mon émotion fut telle, qu'il me fallut m'asseoir et fondre en larmes comme un enfant.

J'avais pourtant alors vingt-deux ans, mais je songeais aux verts sapins du Schwartz-Wald; j'entendais nos jeunes filles chanter d'une voix joyeuse :

Tra, ri, ro, l'été vient encore une fois !

et moi j'étais à Paris ! je ne voyais plus le soleil ; je me sentais seul, abandonné dans la ville immense !... Mon cœur débordait enfin ; je n'y tenais plus : ce peu de verdure m'avait remué jusqu'au fond des entrailles. Il est si doux de pleurer en songeant à son pays !

Après quelques instants de faiblesse, je rentrai chez moi ranimé d'espérance, et je me remis à l'œuvre avec courage ; un flot de jeunesse et de vie avait accéléré les mouvements de mon cœur. Je me disais : « Si l'oncle Zacharias pouvait me voir, il serait fier de moi ! »

Mais ici se place un événement terrible, mystérieux, dont le souvenir me consterne, et bouleverse encore toutes mes idées philosophiques. Cent fois j'ai voulu m'en rendre compte, sans y réussir.

Tout en face de ma petite fenêtre, de l'autre côté de la rue, entre deux hautes masures, se trouvait un terrain vague, où croissaient en abondance les herbes folles, — le chardon, la mousse, les hautes orties et les ronces, — qui se plaisent à l'ombre.

Cinq ou six pruniers s'épanouissaient dans cette enceinte humide, fermée sur le devant par un vieux mur de pierres sèches.

Un écriteau en bois surmontait la muraille décrépite, et portait :

TERRAIN A VENDRE.

425 mètres.

S'ADRESSER A M° TIRAGO, NOTAIRE,

ETC., ETC.

Une vieille futaille écartelée et vermoulue recevait l'eau des gouttières du voisinage, et la laissait fuir dans l'herbe. Des milliers d'atomes aux ailes gazeuses, des cousins, des éphémères tourbillonnaient sur cette mare verdâtre ; et, quand un rayon de soleil y tombait par hasard entre les toits, on y voyait pulluler la vie comme une poussière d'or ; deux grenouilles énormes montraient alors leur nez camard à la surface, traînant leurs longues jambes filandreuses sur les lentilles d'eau, et se gorgeant des insectes qui s'engouffraient dans leur goître par milliards.

Enfin, au fond du cloaque s'avançait en visière un toit de planches humides et moisies, sur lequel un gros chat roux venait faire sa promenade, écoutant les moineaux s'ébattre dans les arbres, bâillant, fléchissant les reins et détirant ses griffes d'un air mélancolique.

J'avais souvent contemplé ce coin du monde avec une sorte de terreur.

« Tout vit, tout pullule, tout se dévore ! m'étais-je dit. Quelle est la source de ce flot intarissable d'existences, depuis l'atome tourbillonnant dans un rayon de soleil, jusqu'à l'étoile perdue dans les profondeurs de l'infini ?... Quel principe pourrait nous rendre compte de cette prodigalité sans bornes, incessante, éternelle, de la cause première ? »

Et, le front entre les mains, je me plongeais dans les abîmes de l'inconnu.

Or, un soir du mois de juin, vers onze heures, comme je rêvais de la sorte, accoudé sur la traverse de ma fenêtre, il me sembla voir une forme vague se glisser au pied de la muraille, puis une porte s'ouvrir, et quelqu'un traverser les ronces pour se rendre sous le toit.

Tout cela s'accomplissait dans l'ombre des masures environnantes ; c'était peut-être une illusion de mes sens. Mais le lendemain, dès cinq heures, ayant regardé dans le cloaque, je vis en effet un grand gaillard s'avancer du fond de l'échoppe, et, les bras croisés sur la poitrine, se mettre à m'observer moi-même.

Il était si long, si maigre, ses habits étaient si délabrés, son chapeau tellement criblé de trous, que je ne doutai pas que ce ne fût un bandit, caché là le jour pour se soustraire à la police, et sortant la nuit de son repaire, pour dévaliser et même pour égorger les gens.

Mais jugez de ma stupeur, quand cet homme, levant son chapeau, me cria :

« Hé ! bonjour, Christian, bonjour ! »

Comme je restais immobile, la bouche béante, il traversa le clos, ouvrit la porte, et s'avança dans la rue déserte.

Je remarquai seulement alors qu'il portait une grosse trique, et je me félicitai de ne pas l'entretenir en tête-à-tête.

D'où cet individu pouvait-il me connaître ?... Que me voulait-il ?

Arrivé devant ma fenêtre, il leva ses longs bras maigres d'un air pathétique :

« Descends, Christian, s'écria-t-il, descends que je t'embrasse... ah ! ne me laisse pas languir ! »

On pense bien que je ne fus pas trop pressé de répondre à son invitation. Alors il se prit à rire, me montrant de magnifiques dents blanches sous sa moustache roussâtre, puis il me dit :

« Tu ne reconnais donc pas ton professeur de métaphysique, Hans Weinland?... Faut-il que je te fasse voir son passe-port?
— Hans Weinland !... est-ce possible?... Hans Weinland avec ces joues creuses, ces yeux caves!... Hans Weinland sous ces guenilles!... »

Cependant, après un coup d'œil plus attentif, je le reconnus ; un sentiment de pitié inexprimable me saisit :

« Comment! c'est vous, mon cher professeur!
— Moi-même! Descends, Christian, nous causerons plus à l'aise. »

Je n'hésitai plus à descendre; la dame Genti n'était pas encore levée, je tirai le verrou moi-même, et Hans Weinland me pressa sur son cœur avec effusion.

« Ah! cher maître! m'écriai-je les yeux pleins de larmes, dans quel état je vous retrouve!
— Bah! bah! fit-il, je me porte bien, c'est l'essentiel.
— Mais vous allez monter dans ma chambre.. changer d'habits...
— A quoi bon?... Je me trouve charmant comme cela.... eh! eh! eh!
— Vous avez faim, peut-être?...
— Du tout, Christian, du tout. Je me suis nourri longtemps, chez Flicoteau, de têtes de lapin et de pieds de coq ; c'était un genre de noviciat que m'imposait le dieu Famine. Aujourd'hui, mes preuves sont faites, mon estomac atrophié n'est plus qu'un mythe; il ne me demande plus rien, sachant d'avance que ses réclamations seraient inutiles ; je ne mange plus, je fume de temps en temps une pipe, voilà tout. Le vieux fakir d'Ellora me porterait envie ! »

Et comme je le regardais d'un air de doute :

« Cela t'étonne? reprit-il ; mais sache que l'initiation aux mystères de Mithras nous impose ces petites épreuves, avant de nous investir d'une puissance formidable. »

Tout en causant ainsi, il m'entraînait vers le Jardin-des-Plantes. On venait d'ouvrir la grille, et la sentinelle, nous voyant approcher, parut tellement étonnée de la physionomie de mon pauvre maître, qu'elle fit mine un instant de nous interdire le passage; mais Hans Weinland ne parut même pas s'apercevoir de ce geste, et poursuivit tranquillement son chemin.

Le jardin était encore solitaire. En passant près de la cage aux serpents, Hans, me montrant avec sa trique, murmura :

« De jolis petits animaux, Christian ; j'ai toujours eu de la prédilection pour ce genre de reptiles ; ils ne se laissent pas marcher sur la queue sans mordre. »

Puis, tournant à droite, il me précéda dans le labyrinthe qui monte au cèdre du Liban.

« Arrêtons-nous ici, lui dis-je, au pied de cet arbre.
— Non, montons jusqu'au belvédère, ou y voit de plus loin ; j'aime tant voir Paris et respirer le frais, qu'il m'arrive très-souvent de passer des heures à cet observatoire. C'est même ce qui me retient dans ton quartier. Que veux-tu, Christian! chacun a ses petites faiblesses. »

Nous étions arrivés à la lanterne, et Hans Weinland avait pris place sur l'une des deux grosses pierres fossiles, qui sont appuyées contre le tertre. Moi, je restai debout devant lui.

« Eh bien, Christian, reprit-il, que fais-tu maintenant? Tu suis les cours de la Sorbonne et du Collège de France, n'est-ce pas? Eh! eh! eh! ça t'amuse toujours, la métaphysique?
— Mon Dieu... pas trop.
— Eh! je m'en doutais... je m'en doutais. Mais aussi quels cours! quels cours! — L'un s'en tient à la *forme*, et se croit *idéaliste*, car le beau, le beau idéal est dans la forme... eh! eh! eh! — L'autre parle de substance ; pour lui, la *substance* est une idée première ; comprends-tu cela, Christian, la substance une idée première? Faut-il être bête !

« Le plus fort est un garçon qui ne manque pas d'un certain mérite : il s'est fait un petit système bourgeois, avec des morceaux ramassés à droite et à gauche, absolument comme on confectionne un habit de polichinelle; aussi les Français, qui sont très-forts en métaphysique, l'ont surnommé le Platon moderne! »

Et Hans Weinland, allongeant ses longues jambes de sauterelle, partit d'un éclat de rire nerveux ; puis, redevenu calme subitement, il poursuivit :

« Ah! mon pauvre Christian! mon pauvre Christian! que sont devenues les grandes écoles d'Albert le Grand, de Raymond Lulle, de Roger Bacon, d'Arnaud de Villeneuve, de Paracelse?—Qu'est devenu le *microcosme?* Que sont devenus les trois principes : intellectuel, céleste, élémentaire ? les applications des Patrice Tricasse, des Coclès, des André Cornu, des Goglénius, des Jean de Hâgen, des Moldénates, des Savonarole et de tant d'autres? et les expériences curieuses des Glaser, des Le Sage, des Le Vigoureux?

—Mais, cher maître, ce sont des empoisonneurs ! m'écriai-je.

—Des empoisonneurs ?... Ce sont les plus grands astrologues des temps modernes, les seuls héritiers de la *kabbale !* Les vrais, les seuls empoisonneurs sont tous ces charlatans qui tiennent école de sophisme et d'ignorance. Ne sais-tu pas que tous les secrets de la *kabbale* commencent à trouver leurs applications ? La pression de la vapeur, le principe de l'électricité, les décompositions chimiques, à qui faut-il attribuer ces admirables découvertes, sinon aux astrologues ? — Et nos psychologues, nos métaphysiciens, eux, qu'ont-ils découvert d'utile, d'applicable, de vrai, pour traiter les autres d'ignorants et s'attribuer le titre de sages ? Mais laissons cela, ma bile s'échauffe. »

Et sa figure, impassible jusque-là, prit une expression de férocité sauvage.

« Il faut que tu partes, Christian, s'écria-t-il brusquement, il faut que tu retournes à Tubingue.

—Pourquoi ?

—Parce que l'heure de la vengeance est proche.

—Quelle vengeance ?

—La mienne.

—De qui voulez-vous tirer vengeance ?

—De tout le monde !... Ah ! l'on s'est moqué de moi... on a conspué Maha-Dévi... on l'a repoussé des écoles... on m'a traité de fou... de visionnaire... on a renié le *dieu bleu,* pour adorer le *dieu jaune*... Eh bien ! malheur à cette race de sensualistes ! »

Et, se levant, il embrassa la ville immense du regard, ses yeux gris s'illuminèrent, il sourit.

Quelques bateaux descendaient lentement la Seine ; le jardin verdoyait ; les voitures de roulage, les chargements de vin, les charretées de légumes, les troupeaux de bœufs, de moutons, de pourceaux, soulevaient la poussière des routes dans les profondeurs de l'horizon. La ville bourdonnait comme une ruche ; jamais spectacle plus splendide et plus grandiose ne s'était offert à mes regards.

« Paris ! ville antique, ville sublime, s'écria Weinland avec une ironie poignante ; Paris idéal, Paris sentimental, ouvre tes larges mâchoires : voici venir, par tous les points de l'horizon, du liquide et du solide pour renouveler tes esprits animaux. Mange, bois, chante et ne t'inquiète pas du reste ; la France entière s'épuise pour te nourrir.

« Elle pioche du matin au soir, cette spirituelle nation, pour te faire des loisirs agréables. Que te manque-t-il ? Elle t'envoie ses vins généreux, ses troupeaux, ses primeurs des quatre saisons, ses belles jeunes filles rayonnantes de jeunesse, ses hardis jeunes hommes, et ne te demande en échange que des révolutions et des gazettes.

« Cher Paris ! centre des lumières, de la civilisation, etc., etc., etc.; Paris !... terre promise du paradoxe, Jérusalem céleste des Philistins, Sodome intellectuelle, capitale générale du sensualisme et du *dieu jaune !*... sois fier de tes destinées ; tu tousses : le sol tremble ! tu te remues : le monde frissonne ! tu bâilles : l'Europe s'endort ! Qu'est-ce que l'*esprit* auprès de la force matérielle incarnée ? Rien !... Tu braves les puissances invisibles, tu les bafoues ; mais, attends, attends, un des fils de Maha-Dévi et de la déesse Kâli va te donner une leçon de métaphysique ! »

Ainsi s'exprimait Hans Weinland avec une animation croissante. Je ne doutais pas que la misère n'eût détraqué sa cervelle.

Que pouvait faire un pauvre diable, sans feu ni lieu, contre la ville de Paris ?

Après ces menaces, redevenu calme tout à coup, et voyant quelques promeneurs monter le labyrinthe, il me fit signe de le suivre, et nous sortîmes du jardin.

« Christian, reprit-il en marchant, j'ai quelque chose à te demander.

—Quoi ?

—Tu connais ma retraite... là, je te dirai tout. Mais il faut que tu me jures sur l'honneur d'accomplir mes ordres de point en point.

—Je le veux bien ; à une condition cependant, c'est que...

—Oh ! sois tranquille, cela ne peut intéresser ta conscience.

—Alors je vous le promets.

—Cela suffit. »

Nous étions arrivés devant le clos ; il en poussa la porte et nous entrâmes.

Il me serait difficile de rendre le sentiment d'horreur qui me pénétra, lorsque, après avoir traversé les hautes herbes du repaire, je découvris sous l'échoppe une quantité d'ossements amoncelés dans l'ombre.

J'aurais voulu fuir, mais Hans Weinland m'observait.

« Assieds-toi là ! » fit-il d'un accent impérieux, en m'indiquant une grosse pierre, entre les piliers du toit.

J'obéis.

Lui, sortant alors de sa poche une petite pipe de terre, la bourra de je ne sais quelle substance jaunâtre, et se prit à l'aspirer lentement ; il s'assit en face de moi, les jambes étendues, sa grosse trique entre les genoux.

« Christian, murmura-t-il, tandis qu'une contraction musculaire indéfinissable creusait les rides de ses joues, et relevait obliquement ses narines, écoute-moi bien; pour que tu puisses remplir mes intentions, il est indispensable que je t'explique un de nos mystères. »

Il se tut, l'œil sombre, le front plissé, les lèvres tellement serrées, qu'on n'en voyait plus les bords.

« Oui, reprit-il d'un accent sourd, il faut que tu connaisses un des mystères de Mithras! — Ce qu'il y a de plus étrange dans ce monde, vois-tu, Christian, c'est que l'une des moitiés du globe soit en pleine lumière, et l'autre dans les ténèbres; il en résulte que la moitié des êtres animés dort, pendant que l'autre veille. Or, la nature qui ne fait rien d'inutile, la nature qui simplifie tout, et sait obtenir ainsi la variété infinie dans l'unité absolue, la nature, ayant décidé que tout être vivant resterait assoupi la moitié du temps, a décidé par là même qu'une seule âme suffirait pour deux corps. Cette âme se transporte donc de l'un à l'autre hémisphère, aussi vite que la pensée, et développe tour à tour deux existences. Tandis que l'âme est aux antipodes, l'être dort; ses facultés divaguent, la matière repose. Lorsque l'âme revient prendre la direction des organes, aussitôt l'être s'éveille; la matière est forcée d'obéir à l'esprit.

« Je n'ai pas besoin de t'en dire davantage. Cela n'entre pas dans tes cours de philosophie; car il est connu que tes professeurs sont très-savants sans rien comprendre; mais cela t'explique les idées étranges qui souvent assiégent ton cerveau, la singularité de tes rêves, la connaissance intuitive des mondes que tu n'as jamais vus, et mille autres phénomènes de ce genre. Ce qu'on nomme catalepsies, évanouissements, extases, lucidité magnétique, bref, l'ensemble des phénomènes du sommeil sous toutes ses formes, découle de la même loi. M'as-tu compris, Christian ?

— Très-bien, c'est une découverte sublime!

— C'est le moindre des mystères de Mithras, fit-il avec un sourire bizarre, c'est le premier degré d'initiation. Mais écoute les conséquences du principe, en ce qui me concerne : — l'âme qui m'anime appartient également à l'un des sectateurs de Maha-Dévi, habitant au pied du Mont-Abuji, dans la province de Sirohi, sur les frontières méridionales du Joundpour : c'est un Agori, ou, si tu l'aimes mieux, un Aghorapanti, célèbre par ses austérités, ses meurtres et sa sainteté. Il est initié comme moi, du troisième degré. Quand il dort, je veille; quand il veille, je dors. — M'as-tu compris?

— Oui, répondis-je en frissonnant.

— Eh bien! voici ce que je te demande : il faut que mon âme séjourne deux jours consécutivement à Déesa, dans la caverne de la déesse Kâli. Je le veux! Dans ce but, mon corps doit rester inerte. Ce que je fume en ce moment est de l'opium... Déjà mes paupières s'appesantissent... tout à l'heure... mon âme va me quitter... Si je m'éveille... avant le temps fixé... entends-tu... qu'à l'instant même tu me donnes une nouvelle dose d'opium... Tu... tu me l'as juré... malheur si... »

Il n'eut pas le temps de finir, et tomba subitement dans une torpeur profonde.

Je l'étendis, la tête à l'ombre, les pieds dans l'herbe. Sa respiration, tour à tour rapide et lente, me donnait le frisson; et le mystère que cet homme venait de me révéler, la certitude que son âme avait franchi des espaces immenses en moins d'une seconde, m'inspiraient une sorte de crainte mystérieuse, comme si tout ce monde inconnu se fût ouvert à mes regards. Je me sentais pâlir; mes doigts s'agitaient et tressaillaient sans que je le voulusse; le fluide vital me pénétrait jusqu'à la pointe des cheveux.

Ajoutez la chaleur du midi concentrée entre ces vieilles masures, les émanations putrides de la mare voisine, le coassement des deux grenouilles, qui commençaient leur duo mélancolique dans la fange verdâtre, le bourdonnement immense des insectes dansant leur ronde éternelle, et vous comprendrez les impressions sinistres qui se succédèrent dans mon esprit jusqu'au soir.

Je regardais parfois la face pâle de Weinland, toute couverte de moiteur, et je ne sais quel effroi subit me saisissait alors. Il me semblait être complice d'un crime épouvantable, et, malgré ma promesse, je secouais violemment le corps du dormeur, qui restait inerte ou s'inclinait dans un autre sens. Parfois sa respiration prenait des accents bizarres, et s'échappait en sifflant, comme un ricanement diabolique.

Durant ces longues heures, il m'arriva de songer aussi aux mystères de Mithras. Je me disais que sans doute le premier degré d'initiation devait comprendre la vie animale; le second, l'essence et les fonctions de l'âme; le troisième, Dieu! Mais quel homme pouvait avoir l'audace de fixer son regard sur la force incréée, et l'orgueil de l'expliquer?

Le temps se consumait dans ces méditations; ce n'est qu'à la chute du jour, lorsque l'horloge de Saint-Étienne-du-Mont eut sonné huit heures, que je montai chez moi prendre quelques heures de repos.

Je ne doutais plus alors que le sommeil léthargique de Hans Weinland ne poursuivît tranquillement son cours jusqu'au lendemain.

En effet, le jour suivant, vers six heures du matin, étant allé le voir, je le trouvai dans la même attitude; sa respiration me parut même régularisée.

Que vous dirai-je, mes chers amis? ce jour encore et la nuit suivante se passèrent dans les mêmes rêveries, dans les mêmes anxiétés que la veille.

A la fin du second jour, vers six heures du soir, ne me sentant plus de fatigue et d'inanition, je courus au cloître Saint-Benoît prendre un peu de nourriture. Je restai chez maître Ober, mon restaurateur, jusque vers sept heures.

En revenant de là, par la rue Clovis, il me sembla tout à coup être suivi, et, regardant derrière moi, je fus tout étonné de ne voir personne.

Quoique le jour fût à son déclin, une chaleur accablante pesait sur la ville silencieuse; pas une porte ouverte n'aspirait la première fraîcheur de la nuit; pas une figure n'apparaissait au loin sur le pavé; pas un mouvement, pas un bruit ne trahissait la vie dans le vaste quartier du Jardin-des-Plantes.

Ayant hâté le pas, je me trouvai bientôt à la porte du clos, où j'appuyai la main; elle s'ouvrit sans bruit, et j'allais m'avancer dans l'herbe, quand Hans Weinland, plus pâle que la mort, bondit à ma rencontre, en me criant :

« Sauve-toi, Christian ! sauve-toi !... »

Et ses deux mains me repoussaient; sa face contractée, ses yeux vitreux, le frémissement de ses lèvres, trahissaient la plus grande terreur.

Je fus rejeté dans la rue.

« Viens !... viens !... me criait-il. Cache-toi ! »

La veuve Genti, accourue sur le seuil de sa maison, poussait des cris perçants, croyant sans doute que Weinland voulait me dévaliser; mais lui, l'écartant du coude, et se jetant dans l'allée avec moi, partit d'un éclat de rire diabolique :

« Hé ! hé ! hé !... la vieille... la vieille payera pour toi... Monte, Christian .. bien vite !... Le monstre est déjà dans la rue... je le sens ! »

Et je montais quatre à quatre, comme si le spectre de la mort eût étendu ses griffes sur moi. Je volais, je m'enlevais par bonds. La porte de ma chambre s'ouvrit et se ferma sur nous, et je tombai dans mon fauteuil comme foudroyé.

« Mon Dieu ! mon Dieu ! m'écriai-je, les mains croisées sur ma figure, qu'y a-t-il ? Tout ceci est horrible ! »

—Il y a, dit Weinland froidement, il y a que j'arrive de loin : six mille lieues en deux jours. Eh ! eh ! eh ! j'arrive des bords du Gange, Christian, et je ramène de là-bas un joli compagnon. Ecoute, écoute ce qui se passe dehors. »

Alors, prêtant l'oreille, j'entendis une foule de monde descendre la rue Copeau en courant, puis des clameurs confuses.

Mes yeux rencontrèrent en ce moment ceux de Hans : une joie sombre, infernale, les illuminait.

« C'est le choléra bleu ! fit-il à voix basse, le terrible choléra bleu ! »

Puis s'animant tout à coup :

« Des cimes du mont Abuji, s'écria-t-il, par-dessus les verts panaches des palmiers, des grenadiers, des tamarins, au fond de la gorge où se traîne le vieux Gange, je l'ai vu flotter lentement sur un cadavre, parmi les vautours. Je lui ai fait signe... il est venu... le voilà qui se met à l'œuvre : regarde ! »

Une sorte de fascination me fit jeter les yeux dans la rue : — un homme du peuple, les épaules nues, les cheveux crépus, emportait, en courant, une femme, la tête renversée, les jambes pendantes, les bras retombant inertes. Lorsqu'il passa sous ma fenêtre, suivi d'un grand nombre de personnes, je vis que la figure de cette malheureuse avait des teintes bleuâtres.

Elle était toute jeune; le choléra venait de la foudroyer !

Je me retournai, frissonnant des pieds à la tête; Hans Weinland avait disparu !

Ce même jour, sans prendre le temps de faire ma malle, et n'ayant que la précaution d'emporter l'argent nécessaire, je courus aux Messageries, rue Notre-Dame-des-Victoires.

Une diligence allait partir pour Strasbourg. J'y montai, comme un noyé se jette sur la planche de salut.

Nous partîmes.

On riait, on chantait; personne ne savait encore l'invasion du choléra en France.

Moi, me penchant à la portière, de relais en relais, je demandais :

« Le choléra n'est pas ici? »

Et chacun de rire.

« Le pauvre garçon est fou ! » disaient mes compagnons de voyage.

Ils faisaient des gorges chaudes.

Mais, lorsque, trois jours après, j'eus le bonheur de me jeter dans les bras de mon oncle Zacharias, et qu'à moitié fou de terreur, je lui racontai ces événements étranges, il m'écouta gravement et me dit :

« Cher Christian, tu as bien fait de venir, oui, tu as très-bien fait. Regarde le journal : douze cents personnes ont déjà péri; c'est une chose épouvantable ! »

FIN DU CABALISTE HANS WEINLAND.

LE
REQUIEM DU CORBEAU

I

Mon oncle Zacharias est le plus curieux original que j'aie rencontré de ma vie. Figurez-vous un petit homme, gros, court, replet, le teint coloré, le ventre en outre et le nez en fleur : c'est le portrait de mon oncle Zacharias. Le digne homme était chauve comme un genou. Il portait d'habitude de grosses lunettes rondes, et se coiffait d'un petit bonnet de soie noire, qui ne lui couvrait guère que le sommet de la tête et la nuque.

Ce cher oncle aimait à rire ; il aimait aussi la dinde farcie, le pâté de foie gras et le vieux johannisberg ; mais ce qu'il préférait à tout au monde, c'était la musique. Zacharias Müller était né musicien par la grâce de Dieu, comme d'autres naissent Français ou Russes ; il jouait de tous les instruments avec une facilité merveilleuse. On ne pouvait comprendre, à voir son air de bonhomie naïve, que tant de gaieté, de verve et d'entrain pussent animer un tel personnage.

Ainsi Dieu fit le rossignol, gourmand, curieux et chanteur : mon oncle était rossignol.

On l'invitait à toutes les noces, à toutes les fêtes, à tous les baptêmes, à tous les enterrements : « Maître Zacharias, lui disait-on, il nous faut un *Hopser*[1], un *Alleluia*, un *Requiem* pour tel jour. » Et lui répondait simplement : « Vous l'aurez. » Alors il se mettait à l'œuvre, il sifflait devant son pupitre, il fumait des pipes ; et tout en lançant une pluie de notes sur son papier, il battait la mesure du pied gauche.

L'oncle Zacharias et moi, nous habitions une vieille maison de la rue des *Minnæsingers* à Bingen ; il en occupait le rez-de-chaussée,

[1] *Hopser*, sauteuse.

un véritable magasin de bric-à-brac, encombré de vieux meubles et d'instruments de musique ; moi, je couchais dans la chambre au-dessus, et toutes les autres pièces restaient inoccupées.

Juste en face de notre maison habitait le docteur Hâselnoss. Le soir, lorsqu'il faisait nuit dans ma petite chambre, et que les fenêtres du docteur s'illuminaient, il me semblait, à force de regarder, que sa lampe s'avançait, s'avançait, et finalement me touchait les yeux. Et je voyais en même temps la silhouette de Hâselnoss s'agiter sur le mur d'une façon bizarre, avec sa tête de rat coiffée d'un tricorne, sa petite queue sautillant à droite et à gauche, son grand habit à larges basques, et sa mince personne plantée sur deux jambes grêles. Je distinguais aussi, dans les profondeurs de la chambre, des vitrines remplies d'animaux étrangers, de pierres luisantes, et de profil, le dos de ses livres, brillant par leurs dorures, et rangés en bataille sur les rayons d'une bibliothèque.

Le docteur Hâselnoss était, après mon oncle Zacharias, le personnage le plus original de la ville. Sa servante Orchel se vantait de ne faire la lessive que tous les six mois, et je la croirais volontiers, car les chemises du docteur étaient marquées de taches jaunes, ce qui pouvait la quantité de linge enfermée dans ses armoires. Mais la particularité la plus intéressante du caractère de Hâselnoss, c'est que ni chien ni chat qui franchissait le seuil de sa maison ne reparaissait plus jamais ; Dieu sait ce qu'il en faisait ! La rumeur publique l'accusait même de porter dans l'une de ses poches de derrière un morceau de lard, pour attirer ces pauvres bêtes ; aussi lorsqu'il sortait le

Zacharias se mit en faction derrière la porte. (Page 66.)

matin pour aller voir ses malades, et qu'il passait, trottant menu, devant la maison de mon oncle, je ne pouvais m'empêcher de considérer avec une vague terreur les grandes basques de son habit flottant à droite et à gauche.

Telles sont les plus vives impressions de mon enfance ; mais ce qui me charme le plus dans ces lointains souvenirs, ce qui, par-dessus tout, se retrace à mon esprit quand je rêve à cette chère petite ville de Bingen, c'est le corbeau Hans, voltigeant par les rues, pillant l'étalage des bouchers, saisissant tous les papiers au vol, pénétrant dans les maisons, et que tout le monde admirait, choyait, appelait : « Hans ! » par ci, « Hans ! » par là.

Singulier animal, en vérité ; un jour il était arrivé en ville l'aile cassée ; le docteur Hâselnoss lui avait remis son aile, et tout le monde l'avait adopté. L'un lui donnait de la viande, l'autre du fromage. Hans appartenait à toute la ville, Hans était sous la protection de la foi publique.

Que j'aimais ce Hans, malgré ses grands coups de bec ! Il me semble le voir encore sauter à deux pattes dans la neige, tourner légèrement la tête, et vous regarder du coin de son œil noir, d'un air moqueur. Quelque chose tombait-il de votre poche, un kreutzer, une clef, n'importe quoi, Hans s'en saisissait et l'emportait dans les combles de l'église. C'est là qu'il avait établi son magasin, c'est là qu'il cachait le fruit de ses rapines ; car Hans était malheureusement un oiseau voleur.

Au troisième coup, la fenêtre du docteur s'ouvrit. (Page 67.)

Du reste, l'oncle Zacharias ne pouvait souffrir ce Hans; il traitait les habitants de Bingen d'imbéciles, de s'attacher à un semblable animal; et cet homme si calme, si doux, perdait toute espèce de mesure, quand par hasard ses yeux rencontraient le corbeau planant devant nos fenêtres.

Or, par une belle soirée d'octobre, l'oncle Zacharias paraissait encore plus joyeux que d'habitude, il n'avait pas vu Hans de toute la journée. Les fenêtres étaient ouvertes, un gai soleil pénétrait dans la chambre; au loin, l'automne répandait ses belles teintes de rouille, qui se détachent avec tant de splendeur sur le vert sombre des sapins. L'oncle Zacharias, renversé dans son large fauteuil, fumait tranquillement sa pipe, et moi, je le regardais, me demandant ce qui le faisait sourire en lui-même, car sa bonne grosse figure rayonnait d'une satisfaction indicible.

« Cher Tobie, me dit-il en lançant au plafond une longue spirale de fumée, tu ne saurais croire quelle douce quiétude j'éprouve en ce moment. Depuis bien des années, je ne me suis pas senti mieux disposé pour entreprendre une grande œuvre, une œuvre dans le genre de *la Création* de Haydn. Le ciel semble s'ouvrir devant moi, j'entends les anges et les séraphins entonner leur hymne céleste, je pourrais en noter toutes les voix. O la belle composition, Tobie, la belle composition!... Si tu pouvais entendre la basse des douze apôtres, c'est magnifique, magnifique. Le soprano du petit Raphaël perce les nuages, on d'rait la trompette du jugement dernier ; les petits anges battent de l'aile en riant, et les saintes pleurent d'une manière vraiment harmonieuse. Chut !... Voici le *Veni Creator*, la basse colossale s'avance ; la terre s'ébranle, Dieu va paraître ! »

Et maître Zacharias penchait la tête, il semblait écouter de toute son âme, de grosses larmes roulaient dans ses yeux : « *Bene*, Raphaël, *bene*, » murmurait-il. Mais comme mon oncle se plongeait ainsi dans l'extase, que sa figure, son regard, son attitude, que tout en lui exprimait un ravissement céleste, voilà Hans qui s'abat tout à coup sur notre fenêtre en poussant un *couac* épouvantable. Je vis l'oncle Zacharias pâlir ; il regarda vers la fenêtre d'un œil effaré, la bouche ouverte, la main étendue dans l'attitude de la stupeur.

Le corbeau s'était posé sur la traverse de la fenêtre. Non, je ne crois pas avoir jamais vu de physionomie plus railleuse ; son grand bec se retournait légèrement de travers, et son œil brillait comme une perle. Il fit entendre un second *couac* ironique, et se mit à peigner son aile de deux ou trois coups de bec.

Mon oncle ne soufflait mot, il était comme pétrifié.

Hans reprit son vol, et maître Zacharias, se tournant vers moi, me regarda quelques secondes.

« L'as-tu reconnu ? me dit-il.
—Qui donc ?
—Le diable !...
—Le diable !... Vous voulez rire ? »

Mais l'oncle Zacharias ne daigna point me répondre, et tomba dans une méditation profonde.

Depuis ce jour, maître Zacharias perdit toute sa bonne humeur. Il essaya d'abord d'écrire sa grande symphonie des *Séraphins*, mais n'ayant pas réussi, il devint fort mélancolique ; il s'étendait tout au large dans son fauteuil, les yeux au plafond, et ne faisait plus que rêver à l'harmonie céleste. Quand je lui représentais que nous étions à bout d'argent, et qu'il ne ferait pas mal d'écrire une valse, un *hopser*, ou toute autre chose, pour nous remettre à flot :

« Une valse !... un *hopser* !... s'écriait-il, qu'est-ce que cela ?... Si tu me parlais de ma grande symphonie, à la bonne heure ; mais une valse ! Tiens, Tobie, tu perds la tête, tu ne sais ce que tu dis. »

Puis il reprenait d'un ton plus calme :

« Tobie, crois-moi, dès que j'aurai terminé ma grande œuvre, nous pourrons nous croiser les bras et dormir sur les deux oreilles. C'est l'alpha et l'oméga de l'harmonie. Notre réputation sera faite ! Il y a longtemps que j'aurais terminé ce chef-d'œuvre ; une seule chose m'en empêche, c'est le corbeau !

—Le corbeau !... mais, cher oncle, en quoi ce corbeau peut-il vous empêcher d'écrire, je vous le demande ? n'est-ce pas un oiseau comme tous les autres ?

—Un oiseau comme tous les autres ! murmurait mon oncle indigné ; Tobie, je le vois, tu conspires avec mes ennemis !... Cependant, que n'ai-je pas fait pour toi ? Ne t'ai-je pas élevé comme mon propre enfant ? N'ai-je pas remplacé ton père et ta mère ? Ne t'ai-je pas appris à jouer de la clarinette ? Ah ! Tobie, Tobie, c'est bien mal ! »

Il disait cela d'un ton si convaincu que je finissais par le croire ; et je maudissais dans mon cœur ce Hans, qui troublait l'inspiration de mon oncle. « Sans lui, me disais-je, notre fortune serait faite !... » Et je me prenais à douter si le corbeau n'était pas le diable en personne.

Quelquefois l'oncle Zacharias essayait d'écrire ; mais par une fatalité curieuse et presque incroyable, Hans se montrait toujours au plus beau moment, ou bien on entendait son cri rauque. Alors le pauvre homme jetait sa plume avec désespoir, et s'il avait eu des cheveux, il se les serait arrachés à pleines poignées, tant son exaspération était grande. Les choses en vinrent au point que maître Zacharias emprunta le fusil du boulanger Râzer, une vieille *pataraque* toute rouillée, et se mit en faction derrière la porte, pour guetter le maudit animal. Mais alors Hans, rusé comme le diable, n'apparaissait plus ; et dès que mon oncle, grelottant de froid, car on était en hiver, dès que mon oncle venait se chauffer les mains, aussitôt Hans jetait son cri devant la maison. Maître Zacharias courait bien vite dans la rue... Hans venait de disparaître !

C'était une véritable comédie, toute la ville en parlait. Mes camarades d'école se moquaient de mon oncle, ce qui me força de livrer plus d'une bataille sur la petite place. Je le défendais à outrance, et je revenais chaque soir avec un œil poché ou le nez meurtri. Alors il me regardait tout ému et me disait :

« Cher enfant, prends courage. Bientôt tu n'auras plus besoin de te donner tant de peine ! »

Et il se mettait à me peindre avec enthousiasme l'œuvre grandiose qu'il méditait. C'était vraiment superbe ; tout était en ordre : d'abord l'ouverture des apôtres, puis le chœur des séraphins en mi bémol, puis le *Veni Creator* grondant au milieu des éclairs et du tonnerre !...

« Mais, ajoutait mon oncle, il faut que le corbeau meure. C'est le corbeau qui est cause de tout le mal; vois-tu, Tobie, sans lui, ma grande symphonie serait faite depuis longtemps, et nous pourrions vivre de nos rentes. »

II

Un soir, revenant entre chien et loup de la petite place, je rencontrai Hans. Il avait neigé, la lune brillait par-dessus les toits, et je ne sais quelle vague inquiétude s'empara de mon cœur à la vue du corbeau. En arrivant à la porte de notre maison, je fus tout étonné de la trouver ouverte ; quelques lueurs se jouaient sur les vitres, comme le reflet d'un feu qui s'éteint. J'entre, j'appelle, pas de réponse ! Mais qu'on se figure ma surprise, lorsqu'au reflet de la flamme je vis mon oncle, le nez bleu, les oreilles violettes, étendu tout au large dans son fauteuil, le vieux fusil de notre voisin entre les jambes et les souliers chargés de neige.

Le pauvre homme était allé à la chasse du corbeau. « Oncle Zacharias, m'écriai-je, dormez-vous ? » Il entr'ouvrit les yeux, et me fixant d'un regard assoupi :

« Tobie, dit-il, je l'ai couché en joue plus de vingt fois, et toujours il disparaissait comme une ombre, au moment où j'allais presser la détente. »

Ayant dit ces mots, il retomba dans une torpeur profonde. J'avais beau le secouer, il ne bougeait plus ! Alors, saisi de crainte, je courus chercher Häselnoss. En levant le marteau de la porte, mon cœur battait avec une force incroyable, et quand le coup retentit au fond du vestibule, mes genoux fléchirent. La rue était déserte, quelques flocons de neige voltigeaient autour de moi, je frissonnais. Au troisième coup, la fenêtre du docteur s'ouvrit, et la tête de Häselnoss, en bonnet de coton, s'inclina au dehors.

« Qui est là ? fit-il d'une voix grêle.

— Monsieur le docteur, venez vite chez maître Zacharias, il est bien malade.

— Hé ! fit Häselnoss, le temps de passer un habit et j'arrive. »

La fenêtre se referma. J'attendis encore un grand quart d'heure, regardant la rue déserte, écoutant crier les girouettes sur leurs aiguilles rouillées, et dans le lointain un chien de ferme aboyer à la lune. Enfin, des pas se firent entendre ; lentement, lentement, quelqu'un descendit l'escalier. On introduisit une clef dans la serrure, et Häselnoss, enveloppé dans une grande houppelande grise, une petite lanterne en forme de bougeoir à la main, parut sur le seuil.

« Prr ! fit-il, quel froid ! j'ai bien fait de m'envelopper.

— Oui, répondis-je, depuis vingt minutes je grelotte.

— Je me suis dépêché pour ne pas te faire attendre. »

Une minute après nous entrions dans la chambre de mon oncle.

« Hé ! bonsoir, maître Zacharias, dit le docteur Häselnoss le plus tranquillement du monde, en soufflant sa lanterne ; comment vous portez-vous ! Il paraît que nous avons un petit rhume de cerveau ! »

A cette voix l'oncle Zacharias parut s'éveiller.

« Monsieur le docteur, dit-il, je vais vous raconter la chose depuis le commencement.

— C'est inutile, fit Häselnoss en s'asseyant en face de lui sur un vieux bahut, je sais cela mieux que vous ; je connais le principe et les conséquences, la cause et les effets : vous détestez Hans, et Hans vous déteste ; vous le poursuivez avec un fusil, et Hans vient se percher sur votre fenêtre, pour se moquer de vous. Hé ! hé ! hé ! c'est tout simple, le corbeau n'aime pas le chant du rossignol, et le rossignol ne peut souffrir le cri du corbeau. »

Ainsi parla Häselnoss, en puisant une prise dans sa petite tabatière ; puis il se croisa les jambes, secoua les plis de son jabot, et se mit à sourire en fixant maître Zacharias de ses petits yeux malins.

Mon oncle était ébahi.

« Écoutez, reprit Häselnoss, cela ne doit pas vous surprendre, chaque jour on voit des faits semblables. Les sympathies et les antipathies gouvernent notre pauvre monde. Vous entrez dans une taverne, dans une brasserie, n'importe où, vous remarquez deux joueurs à table, et sans les connaître vous faites aussitôt des vœux pour l'un ou pour l'autre. Quelle raison avez-vous de préférer l'un à l'autre ? Aucune. Hé ! hé ! hé ! là-dessus, les savants bâtissent des systèmes à perte de vue, au lieu de dire tout bonnement : voici un chat, voici une souris ; je tiens pour la souris, parce que nous sommes de la même famille, parce qu'avant d'être Häselnoss, docteur en médecine, j'ai été rat, écureuil ou mulot, et qu'en conséquence... »

Mais il ne termina point sa phrase, car au même instant le chat de mon oncle étant venu par hasard à passer près de lui, le docteur le saisit à la *tignasse* et le fit disparaître dans sa grande poche, avec une rapidité foudroyante. L'oncle Zacharias et moi nous nous regardâmes tout stupéfaits.

« Que voulez-vous faire de mon chat ? » dit enfin l'oncle.

Hâselnoss, au lieu de répondre, sourit d'un air contraint et balbutia :

« Maître Zacharias, je veux vous guérir.

—Rendez-moi d'abord mon chat.

—Si vous me forcez à rendre ce chat, dit Hâselnoss, je vous abandonne à votre triste sort ; vous n'aurez plus une minute de repos, vous ne pourrez plus écrire une note, et vous maigrirez de jour en jour.

—Mais, au nom du ciel ! reprit mon oncle, qu'est-ce qu'il vous a donc fait, ce pauvre animal ?

—Ce qu'il m'a fait, répondit le docteur, dont les traits se contractèrent, ce qu'il m'a fait !... Sachez que nous sommes en guerre depuis l'origine des siècles ! Sachez que ce chat résume en lui la quintessence d'un chardon qui m'a étouffé quand j'étais violette, d'un houx qui m'a fait ombre quand j'étais buisson, d'un brochet qui m'a mangé quand j'étais carpe, et d'un épervier qui m'a dévoré quand j'étais souris ! »

Je crus que Hâselnoss perdait la tête ; mais l'oncle Zacharias, fermant les yeux, répondit après un long silence :

« Je vous comprends, docteur Hâselnoss, je vous comprends ; vous pourriez bien n'avoir pas tort !... Guérissez-moi, et je vous donne mon chat. »

Les yeux du docteur scintillèrent.

« A la bonne heure ! s'écria-t-il ; maintenant je vais vous guérir. »

Il tira de sa trousse un canif, et prit sur l'âtre un petit morceau de bois, qu'il fendit avec dextérité. Mon oncle et moi nous le regardions faire. Après avoir fendu ce morceau de bois, il se mit à le creuser, puis il détacha de son portefeuille une petite lanière de parchemin fort mince, et l'ayant ajustée entre les deux lames de bois, il l'appliqua contre ses lèvres en souriant.

La figure de mon oncle s'épanouit.

« Docteur Hâselnoss, s'écria-t-il, vous êtes un homme rare, un homme vraiment supérieur, un homme...

—Je le sais, interrompit Hâselnoss, je le sais. Mais éteignez la lumière ; que pas un charbon ne brille dans l'ombre ! »

Et tandis que j'exécutais son ordre, il ouvrit la fenêtre tout au large. La nuit était glaciale. Au-dessus des toits apparaissait la lune calme et limpide. L'éclat éblouissant de la neige et l'obscurité de la chambre formaient un contraste étrange. Je voyais l'ombre de mon oncle et celle de Hâselnoss se découper sur le devant de la fenêtre ; mille impressions confuses m'agitaient à la fois. L'oncle Zacharias éternua, la main de Hâselnoss s'étendit avec impatience pour lui commander de se taire ; puis le silence devint solennel.

Tout à coup un sifflement aigu traversa l'espace. « Pie-wîte ! pie-wîte ! » Après ce cri tout redevint silencieux. J'entendais mon cœur galopper. Au bout d'un instant le même sifflement se fit entendre : « Pie-wîte ! pie-wîte ! » Je reconnus alors que c'était le docteur qui le produisait avec son appeau. Cette remarque me rendit un peu de courage, et je fis attention aux moindres circonstances des choses qui se passaient autour de moi.

L'oncle Zacharias, à demi courbé, regardait la lune. Hâselnoss se tenait immobile, une main à la fenêtre et l'autre au sifflet.

Il se passa bien deux ou trois minutes ; puis tout à coup le vol d'un oiseau fendit l'air.

« Oh ! » murmura mon oncle.

« Chut ! » fit Hâselnoss, et le « pie-wîte » se répéta plusieurs fois avec des modulations étranges et précipitées. Deux fois l'oiseau effleura les fenêtres de son vol rapide, inquiet. L'oncle Zacharias fit un geste pour prendre son fusil, mais Hâselnoss lui saisit le poignet en murmurant : « Êtes-vous fou ? » Alors mon oncle se contint ; et le docteur redoubla ses coups de sifflet avec tant d'art, imitant le cri de la pie-grièche prise au piége, que Hans, tourbillonnant à droite et à gauche, finit par entrer dans notre chambre, attiré sans doute par une curiosité singulière qui lui troublait la cervelle. J'entendis ses deux pattes tomber lourdement sur le plancher. L'oncle Zacharias jeta un cri et s'élança sur l'oiseau, qui s'échappa de ses mains.

« Maladroit ! » s'écria Hâselnoss en fermant la fenêtre.

Il était temps, Hans planait aux poutres du plafond. Après avoir fait cinq ou six tours, il se cogna contre une vitre avec tant de force, qu'il glissa tout étourdi le long de la fenêtre, cherchant à s'accrocher des ongles aux traverses. Hâselnoss alluma bien vite la chandelle, et je vis alors le pauvre Hans entre les mains de mon oncle, qui lui serrait le cou avec un enthousiasme frénétique en disant :

« Ha ! ha ! ha ! je te tiens, je te tiens ! »

Hâselnoss l'accompagnait de ses éclats de rire.

« Hé ! hé ! hé ! vous êtes content, maître Zacharias, vous êtes content ? »

Jamais je n'ai vu de scène plus effrayante. La figure de mon oncle était cramoisie. Le pauvre corbeau allongeait les pattes, battait des ailes comme un grand papillon de nuit, et le frisson de la mort ébouriffait ses plumes.

Ce spectacle me fit horreur, je courus me cacher au fond de la chambre.

fil d'argent, qui serpentait en zigzag dans la rigole sombre, et tout au loin, un chat battait sa femme, qui pleurait et gémissait à vous fendre l'âme !

« Brrr! fit Sébalt en grelottant, j'ai froid ! »

En même temps il souleva la lourde trappe appliquée obliquement contre le mur, et descendit.

Je le suivis lentement. L'escalier n'en finissait pas. Les ombres s'allongeaient... s'allongeaient à perte de vue derrière nous; plusieurs fois, je me retournai tout surpris. Je remarquais l'énorme carrure de Brauer, son cou brun, couvert de petits cheveux frisés jusqu'au milieu des épaules ; d'étranges idées me traversaient l'esprit : il me semblait voir le frère sommelier des Bénédictins, allant rendre visite à la bibliothèque du cloître. Moi-même, je me prenais pour un de ces antiques personnages, et je passais la main sur ma poitrine, pensant y trouver une barbe vénérable. Au bas de l'escalier, une niche pratiquée dans l'épaisseur du mur, me rappela vaguement la statuette de la Vierge, où brûlait jadis le cierge éternel.

Tout saisi, presque épouvanté, j'allais communiquer mes doutes à Sébalt, quand une énorme porte en cœur de chêne, bardée de clous à large tête plate, se dressa devant nous. Le tavernier, la poussant d'une main vigoureuse, s'écria :

« Nous y sommes, camarade ! »

Et sa voix, roulant au milieu des ténèbres, alla se perdre insensiblement dans les profondeurs lointaines du souterrain. J'en reçus une impression singulière.

Nous entrâmes d'un air grave et recueilli.

J'ai visité dans ma vie bien des caves célèbres, depuis celles des ducs de Nassau, jusqu'aux caveaux de l'hôtel de ville de Brême, où se conserve le fameux vin de Rosenwein, dont les bourgeois de la bonne ville libre envoyaient tous les ans, au vieux Gœthe, une bouteille pour le jour de sa fête ; j'en ai vu de plus vastes et de plus riches en grands vins, que celle de mon ami Sébalt Brauer, mais la vérité me force à dire que je n'en ai jamais rencontré d'aussi saines et d'aussi bien tenues.

Sous une voûte haute de trente pieds et longue de plus de cent mètres, construite en larges pierres de taille, les tonneaux rangés sur deux lignes parallèles avaient un air respectable qui faisait vraiment plaisir à voir ; et derrière chaque foudre une pancarte, suspendue au mur, indiquait le cru, l'année, le jour et le temps de la vendange, la cuvée, première ou seconde, enfin tous les titres de noblesse du suc généreux enfermé sous les longues douves cerclées de fer.

Nous marchions d'un pas lent, solennel.

« Voici du braumberg, dit le tavernier en éclairant un foudre colossal ; c'est mon vin ordinaire. Écoute comme il s'en donne là haut :

C'est pour moi que l'avare empile
Ecus d'or aux jaunes reflets.

—Ah ! le bandit, comme il retrousse ses moustaches blondes ! »

Ainsi parlait Brauer, et nous avancions toujours.

« Halte ! s'écria-t-il, nous voilà devant le steinberg de 1822. Fameuse année ! Goûte-moi ça. »

Il déposa sa chandelle à terre, prit sur la bonde un verre de Bohême au calice évasé, à la jambe grêle, au pied mince, et tourna le robinet. Un filet d'or remplit la coupe. Avant de me l'offrir, Brauer l'éleva lentement, pour en montrer la belle couleur d'ambre blond. Puis il le passa sous son nez crochu :

« Quel bouquet ! dit-il, quel parfum ! Ah ! c'est la fantaisie pure, c'est le rêve de Freyschütz. »

Je bus.... Toutes les fibres de mon cerveau s'électrisèrent, j'eus de vagues éblouissements.

« Eh bien ? » fit Sébalt.

Pour toute réponse, je me mis à fredonner :

Chasseur diligent, etc.

Et les échos s'éveillaient au loin, ils sortaient la tête du milieu des ombres et chantaient avec moi. C'était magnifique !

« Tu ne chantais pas tout à l'heure ! » dit Sébalt avec un sourire étrange.

Cette réflexion me fit réfléchir, et, m'arrêtant tout court, je m'écriai :

« Tu crois donc que le vin chante ? »

Mais lui ne parut pas faire attention à mes paroles ; il était devenu grave.

Nous poursuivîmes nos pérégrinations souterraines. Les vieux foudres semblaient nous attendre avec respect. Nos regards s'animaient. Brauer buvait aussi.

« Ah ! ah ! dit-il, voici l'opéra de la *Flûte enchantée !* Il faut que tu sois bien de mes amis, pour que je t'en joue un air, de celui-là ; diable !... du johannisberg de l'an XI !

Un filet imperceptible siffla dans la coupe, le verre fut rempli. J'en humai jusqu'à la dernière goutte avec recueillement. Brauer me regardait dans le blanc des yeux, les mains croisées sur le dos ; il avait l'air d'envier mon bonheur.

Moi, l'âme du vieux vin, cette âme, plus vi-

Brauer l'éleva lentement (Page 71.)

vante que notre âme, cette âme des Mozart, des Gluck, des Weber, des Théodore Hoffmann, envahissait mon être et me faisait dresser les cheveux sur la tête.

« Oh ! m'écrai-je, souffle divin ! oh ! musique enchanteresse ! Non, jamais, jamais mortel ne s'est élevé plus haut que moi dans les sphères invisibles ! »

Je lorgnais du coin de l'œil le robinet mélodieux, mais Brauer ne crut pas devoir m'en jouer une seconde ariette.

« Bon ! fit-il, quand on s'ouvre la veine, il est agréable de voir que c'est pour un digne appréciateur, pour un véritable artiste. Tu n'es pas comme notre bourgmestre Kalb, qui voulait se gargariser la panse d'un deuxième et même d'un troisième verre, avant de se prononcer. Animal ! je l'ai mis rudement à la porte ! »

Nous passâmes alors en revue le hattenheim, le hochheim, le markobrunner, le rudesheim, tous vins exquis, chaleureux ; et, chose bizarre, à chaque vin nouveau, un nouvel air me passait par la tête, je le fredonnais involontairement ; la pensée de Sébalt devenait de plus en plus lucide pour moi, je compris qu'il voulait me donner une leçon expérimentale du plus grand problème des temps modernes.

« Brauer, lui dis-je, crois-tu donc sérieusement que l'homme ne soit que l'instrument passif de la bouteille, un cor de chasse, une flûte, un cornet à piston que l'esprit de la tonne embouche, et dont il tire telle musique qu'il lui plaît ? Que deviendraient la liberté, la loi

Du vin! du vin! (Page 73.)

morale, la raison individuelle et sociale, si ce fait était vrai? Nous ne serions plus que de véritables entonnoirs, des sortes de mécaniques sans conscience ni dignité! L'empereur Venceslas, le plus grand ivrogne qu'on ait jamais vu, aurait donc seul compris le sens de la destinée humaine? Il faudrait donc le placer au-dessus de Solon, de Lycurgue et des sept sages de la Grèce?

—Non-seulement je le crois, dit Brauer, mais j'en suis sûr. Ces imbéciles qui hurlent là-haut s'imaginent chanter d'eux-mêmes. Eh bien, c'est moi qui choisis dans ma cave l'air qu'il me plaît d'entendre; chaque tonne, chaque foudre a son air favori; l'un est triste, l'autre est gai, l'autre grave ou mélancolique. Tu vas en juger, Théodore, je veux faire pour toi le sacrifice d'un tonnelet de hochheim, c'est un vin tendre; le braumberg doit être épuisé, car on fait un tapage du diable à la taverne. Nous allons tourner les âmes au sentiment. »

Alors, au lieu de remplir son baril de braumberg, il le mit sous le robinet du hochheim; puis, avec une adresse surprenante, il le plaça sur son épaule, et nous remontâmes.

La taverne était en combustion; le chant des *Brigands* dégénérait en scandale.

« Oh! s'écria la femme de Sébalt, que tu m'as fait attendre! toutes les bouteilles sont vides depuis un quart d'heure. Écoute ce tapage; ils vont tout briser. »

En effet, un roulement de bouteilles ébranlait les tables.

« Du vin! du vin! »

Le tavernier déposa son baril sur le comptoir et remplit les bouteilles ; sa femme avait à peine le temps de servir ; les hurlements redoublaient.

Moi, je venais de reprendre ma place et je regardais ce tumulte, en fredonnant tour à tour des motifs de la *Flûte enchantée*, du *Freyschütz*, de *Don Juan*, d'*Obéron*, que sais-je? de cinquante opéras que j'avais oubliés depuis longtemps, ou que même je n'avais jamais sus. Jeunesse, amour, poésie, bonheur de la famille, espérances sans bornes, tout renaissait dans mon cœur ; je riais, je ne me possédais plus.

Tout à coup, un calme profond s'établit, l'air des *Brigands* cessa comme par enchantement, et Julia Weber, la fille du ménétrier, se mit à chanter l'air si doux, si tendre, de la Fillette de *Frédéric Barberousse* :

—Fillette, sur la plaine blanche
Où vas-tu de si grand matin?
—Je vais célébrer le dimanche,
Seigneur, au village lointain.
Comme un agneau qui bêle
Ecoutez... la cloche m'appelle!

Toute la salle écoutait la jeune fille dans un religieux silence ; et quand elle fut au refrain, toutes ces grosses faces charnues se mirent à fredonner en sourdine :

Comme un agneau qui bêle,
Ecoutez... la cloche m'appelle!

Ce fut un véritable coup de théâtre.

« Eh bien, dit Brauer en se penchant à mon oreille, qui est-ce qui chante?

—C'est la tonne de hochheim, » répondis-je à voix basse, en écoutant le chant de la jeune fille qui recommençait, ce chant monotone, doux, suave, ce chant du bon vieux temps.

O nobles coteaux de la Gironde, de la Bourgogne, du Rhingau ; et vous, ardents vignobles de l'Espagne et de l'Italie : Madère, Marsalla, Porto, Xérès, Lacryma-Christi ; et toi, Tokai, généreux hongrois ! je vous connais maintenant : — Vous êtes l'âme des temps passés, des générations éteintes !... Bonne chance je vous souhaite! Puissiez-vous fleurir et prospérer éternellement !

Et vous, bons vins captifs sous les cercles de fer ou d'osier, vous attendez avec impatience l'heureux instant de passer dans nos veines, de faire battre nos cœurs, de revivre en nous !... Eh bien, vous n'attendrez pas longtemps ; je jure de vous délivrer, de vous faire chanter et rire, autant que l'Être des êtres voudra bien me confier cette noble mission sur la terre !

Mais quand je ne serai plus, quand mes os auront reverdi et se dresseront en ceps noueux sur le coteau ; quand mon sang bouillonnera en gouttelettes vermeilles dans les grappes mûries, et qu'il s'épanchera du pressoir en flots limpides, alors, jeunes gens, à votre tour de me délivrer ! Laissez-moi revivre en vous, faire votre force, votre joie, votre courage, comme les ancêtres font le mien aujourd'hui c'est tout ce que je vous demande. — Et ce faisant, nous accomplirons, chacun à notre tour, le précepte sublime : « Aimez-vous les uns les autres, dans les siècles des siècles. » *Amen!*

FIN DU CHANT DE LA TONNE.

LE
CITOYEN SCHNEIDER

I

« D'où vient que les souvenirs de notre enfance sont ineffaçables? dit le vieux sculpteur Friederich, en allumant sa pipe d'un air mélancolique; lorsqu'on se rappelle à peine les choses du mois dernier, d'où vient que celles de notre jeunesse restent devant nos yeux et qu'on croit encore y être? Moi, je n'oublierai jamais la pauvre hutte de mon père, avec son toit de chaume, sa petite salle basse, l'escalier de bois au fond montant à la mansarde, l'alcôve aux rideaux de serge grise, et les deux petites fenêtres à mailles de plomb, donnant sur le défilé de la Schloucht, près de Munster. Je ne les oublierai jamais, ni les moindres choses de ce temps-là. Tout reste vivant dans mon cœur, surtout l'hiver de 1785.

« Durant cet hiver, le grand-père Yéri, son bonnet de laine frisée tiré sur les oreilles, dormait, du matin au soir, dans le vieux fauteuil, au coin de l'âtre. Ma mère filait, mon père taillait dans le houx des têtes de cannes, pour les vendre au printemps; les copeaux tombaient autour de lui et se roulaient en escargots. Parfois, il se reposait, battait le briquet, et, serrant l'amadou sur sa pipe, il s'écriait :

« —Catherine... ça marche !... ça marche ! » — Puis, me voyant assis sur mon escabeau, tout attentif, car je n'aimais rien tant que de le voir travailler, il me souriait et reprenait l'ouvrage.

« Autour de notre hutte, la neige montait, montait chaque jour; les vieux murs décrépits s'enfonçaient sous terre; déjà nos petites fenêtres n'y voyaient plus que par les vitres d'en haut; les autres au-dessous étaient d'un blanc mat et sombre.

« Je me dressais quelquefois sur ma chaise et je regardais les nuages se plier et se déplier lentement sur la vallée immense, tout en face, les rochers à pic du Honeck, monter jusque dans le ciel, et plus bas, dans la gorge les sapins innombrables chargés de givre. Rien ne remuait. La vue de ce paysage couvert de neige vous donnait froid, on grelottait; et pourtant à l'intérieur le feu flamboyait, il faisait chaud. La petite porte disjointe, qui communiquait à l'étable, laissait entendre le bêlement de notre chèvre, et les sourds mugissements de notre vache Waldine. C'était un plaisir de les entendre par un froid pareil. Nous n'étions pas seuls, au moins, dans les neiges; nous étions avec les créatures de Dieu, nous avions encore des amis.

« Je me rapellerai toujours qu'un matin Waldine, qui s'ennuyait sans doute dans l'ombre, après s'être détachée, je ne sais comment, vint nous voir. Elle entra chez nous sans gêne, et mon père se mit à rire de bon cœur.

« Hé ! bonjour, Waldine, s'écria-t-il. Tu entres ici sans tirer le chapeau, hé ! hé ! hé ! Laisse-là, Catherine, laisse-là, elle ne fera pas de mal; donnons-lui le temps de respirer et de voir la lumière. »

« C'est moi qui la reconduisis dans l'écurie et qui la rattachai à la crèche.

« Ainsi se passait le temps; tandis que les oiseaux criaient famine, que les bêtes sauvages cherchaient les cavernes du Honeck et du Valtin, nous, blottis autour de l'âtre, nous rêvions en paix, et chaque soir ma mère disait:

« —» Encore un jour de passé! Encore un pas vers le printemps! »

« Tout cela, je me le rappelle avec bonheur; mais il arrive des choses étranges dans ce bas monde, des choses qui nous reviennent longtemps après, et qui montrent que la sagesse des hommes, et même leur bonté, n'est que folie.

« Cette année-là donc, au dernier jour de janvier, entre une et deux heures de l'après-midi, il s'éleva un grand vent. Quoique la maison fût abritée vers le nord, à chaque coup elle tremblait; au bout d'une heure, elle était tellement couverte de neige, que l'ouragan passait au-dessus. Nous avions éteint le feu, une lampe seule brillait sur la table. Ma mère priait; je crois que mon père priait aussi. Le grand-père, lui, s'était éveillé et semblait épouvanté de ce vacarme : toute la neige tombée depuis trois mois remontait vers le ciel en poussière; tout hurlait, pleurait et sifflait dehors; de seconde en seconde, on entendait les grands arbres lâcher leurs racines avec des craquements épouvantables. Si le vent était venu de face, il aurait enfoncé nos fenêtres et découvert le toit; heureusement il soufflait de la montagne.

« Au milieu de ce bruit terrible, il nous semblait parfois entendre des cris humains; et nous, déjà si troublés pour nous-mêmes, nous frémissions encore en songeant au péril des autres. A chaque fois, la mère disait : — « Il y a quelqu'un dehors! » — « Et nous prêtions l'oreille le cœur serré; mais la grande voix de l'ouragan dominait tout.

« Cela dura deux heures; puis il se fit un grand silence, et nous entendîmes encore une fois bêler notre chèvre.

« —Le vent est tombé, dit mon père; et, s'approchant de la porte, il écouta quelques instants, le doigt sur le loquet.

« Nous étions tous derrière lui lorsqu'il ouvrit, et nous regardâmes, les yeux écarquillés. Le temps était sombre, à cause de la neige qui descendait; une éclaircie blanchâtre sur notre droite indiquait la position du soleil; il pouvait être alors quatre heures.

« Comme nous regardions à travers cette lumière grise, nous aperçûmes, à deux ou trois cents pas au-dessous de nous, dans le sentier qui descend de la Schloucht, un traîneau arrêté et un cheval devant. On ne voyait que la tête du cheval et les pointes des montants du traîneau.

« —Voilà donc ce que nous entendons, s'écria le grand-père Yéri-Hans.

« —Oui, dit mon père en rentrant dans la hutte, un malheur est arrivé. »

« Il prit la pelle de bois derrière la porte et se mit à descendre la côte, ayant de la neige jusqu'aux genoux; moi, je courais derrière lui, malgré les cris de la mère; le grand-père suivait aussi de loin.

« Plus nous descendions, plus la neige devenait profonde. Malgré cela, mon père, arrivant au haut du talus qui domine le sentier, se laissa glisser jusqu'au bas, en s'appuyant sur le manche de la pelle, et, dans cet endroit, je fis halte pour le regarder.

« Il saisit le cheval par la bride; mais aussitôt, voyant à deux ou trois pas de là quelque chose dans la neige, il s'approcha, souleva péniblement un gros homme vêtu de noir, dont la tête retomba sur son épaule, et le posa sur le traîneau; puis, à force de cris et de secousses, il tira l'animal de son trou. Ce fut une grande affaire pour l'amener à la maison. Mon père y parvint pourtant, en faisant le tour de toutes les roches et des racines d'arbres où s'était accumulée la neige.

« Le grand-père et moi nous suivions, bien tristes, regardant le malheureux étendu sur le traîneau. Il avait des bas de soie noire, une soutane et des souliers à boucle d'argent : c'était un prêtre.

« Et maintenant, qu'on se figure la désolation de ma mère, en voyant ce saint homme dans un si pitoyable état! Il me semble encore l'entendre crier, les mains jointes au-dessus de sa tête : « —Seigneur, ayez pitié de nous ! » Elle voulait envoyer mon père tout de suite à Munster chercher un médecin. Mais la nuit étant survenue, il faisait noir à la porte comme dans un four, et toute la bonne volonté du monde ne pouvait pas vous faire trouver le chemin au milieu des neiges.

« Dans cette désolation, on se dépêcha d'allumer du feu, de chauffer des couvertures; et, comme j'étais un embarras pour tout le monde, on m'envoya coucher dans la chambre du grand-père.

« Toute la nuit, j'entendis aller et venir au-dessous de moi; la lumière brillait à travers les fentes du plancher; ma mère se lamentait. Enfin, vers une heure, accablé de fatigue et l'estomac creux, je m'endormis si profondément, qu'il fallut m'éveiller le lendemain à huit heures, sans quoi je dormirais peut-être encore.

« —Friederich ! Friederich ! criait le grand-père, en levant la trappe de sa tête chauve, Friederich, arrive donc, la soupe est prête! »

« A cette voix je m'éveillai ; je regardai, il faisait grand jour, et la bonne odeur de la soupe à la farine remplissait la maison.

« Alors je ne pris que le temps de passer mon petit pantalon de toile grise, et de mettre mes sabots pour descendre. Tous les événements de la veille se présentaient à mon esprit ; outre mon bon appétit, j'étais encore curieux de savoir ce qui s'était passé. Aussi, du haut de l'escalier, je me penchais déjà sur la rampe, pour regarder dans la chambre : la soupière fumait sur une belle nappe blanche ; le grand-père, assis en face, faisait le signe de la croix ; le père et la mère, debout, disaient le *Benedicite* dévotement ; et le gros homme, assis dans le fauteuil de cuir, au coin de l'âtre, les jambes enveloppées d'une couverture de laine, et ses mains potelées croisées sur son ventre, qui se relevait en forme de cornemuse, ressemblait, avec sa face charnue et ses cheveux roux, à un bon chat qui dort sur la cendre chaude. C'était attendrissant de le voir.

« —Descends, Friederich, me dit ma mère, n'aie pas peur, monsieur le curé ne te fera pas de mal ! »

« Le gros homme tourna la tête et se mit à me sourire en disant :

« —C'est votre petit garçon ?
« —Oui, Monsieur le curé.
« —Arrive donc, petit, » fit-il.

« Ma mère me prit par la main et me conduisit près de ce bon prêtre, qui me regarda de ses gros yeux gris d'un air tendre ; puis il me tapa sur la joue et demanda :

« —Est-ce qu'il sait déjà ses prières ?
« —Oh oui ! Monsieur le curé, c'est la première chose que nous lui avons apprise.
« —A la bonne heure ! à la bonne heure !

« Ma mère m'avait ôté mon bonnet ; et moi, les mains jointes, les yeux à terre, je récitai l'*Ave Maria* et le *Pater Noster* d'un trait.

« —C'est bien, c'est bien, fit le gros homme en me pinçant l'oreille, hé ! hé ! hé ! tu seras un bon serviteur devant Dieu. Va, maintenant, déjeune, je suis content de toi ! »

« Il parlait doucement et toute la famille pensait :

« —Quel brave homme ! quel bon cœur ! quel malheur s'il était resté gelé dans la Schloucht ! »

« Mais une circonstance survint, qui nous montra ce bonhomme sous une tout autre physionomie. Vous saurez que, la veille, mon père avait apporté dans notre chambre les effets de M. le curé : sa malle, son tricorne et un gros rouleau de papiers. Ces choses étaient posées sur notre bahut, à l'autre coin de l'âtre : la malle au-dessous, le tricorne au-dessus et le rouleau de papiers sur le tricorne.

« En passant, je touchai le rouleau de papiers, qui tomba sur le plancher, et se déroula presque sur le feu.

« Alors cet homme paisible fit entendre un véritable cri de loup, accompagné de jurements épouvantables. Il se précipita sur les papiers, les arracha de la flamme, et les éteignit dans ses mains. Puis il me regarda tout pâle, d'un œil si féroce, que j'en eus la chair de poule. Nous étions tous consternés, la bouche béante. Lui, regardant les papiers un peu roussis sur les bords, se mit à bégayer en frémissant :

« —Mon Thucydide !... petit animal, mon Thucydide ! » — Après quoi, roulant ses papiers les uns dans les autres, et s'apercevant de notre stupeur, il me menaça du doigt en reprenant son air bonhomme ; mais nous n'avions plus envie de rire avec lui.

« —Ah ! mauvais petit gueux, dit-il, tu viens de me faire peur. Figurez-vous que j'arrive tout exprès de Cologne ; oui, j'ai fait plus de cent lieues pour chercher ces vieux manuscrits au couvent de Saint-Dié ; il m'a fallu trois mois pour y mettre un peu d'ordre ; et l'imprudence de ce malheureux enfant allait anéantir une œuvre peut-être unique dans le monde. J'en sue à grosses gouttes ! »

« C'était vrai, sa large face était pourpre, des gouttes de sueur lui couvraient le front.

« Malgré cela, vous pensez bien que toute notre famille devint grave ; nous n'étions pas habitués d'entendre des prêtres jurer comme ceux qui conduisent les bœufs à la pâture. Ma mère ne disait plus rien. Nous mangions en silence. Quand nous eûmes fini, le père sortit. Nous l'entendîmes tirer le cheval de l'écurie et l'atteler au traîneau, devant la porte. Enfin il rentra et dit :

« —Monsieur le curé, si vous voulez monter sur le traîneau, dans une heure nous serons à Munster.

« —Je veux bien, » fit le gros homme en se levant.

« Et regardant dans la chambre d'un air grave, il dit :

« —Vous êtes de braves gens, oubliez un instant de colère ; l'esprit est fort, mais la chair est faible. Permettez-moi de vous témoigner ma reconnaissance. »

« Il voulut remettre un frédéric d'or à ma mère, mais elle refusa et répondit :

« —C'est au nom de Notre Seigneur Jésus-Christ que nous vous avons assisté dans le malheur, Monsieur le curé. Si nous avions été dans le même besoin, vous auriez fait la même chose pour nous.

« — Sans doute, sans doute, dit-il, mais cela n'empêche pas...

« — Non, ne nous privez pas du mérite de la bonne action.

« — Amen ! » fit-il brusquement.

« Il prit le rouleau de papiers sur le bahut, se coiffa du tricorne et sortit.

« Mon père avait déjà porté la malle sur le traîneau ; il était lui-même assis près du timon ; le curé s'assit derrière, et nous les regardâmes filer jusqu'à la Roche-Creuse. Tout le monde était pensif ; souvent le grand-père regardait ma mère en silence ; bien des pensées nous passaient par l'esprit, mais personne ne disait rien.

« Le soir, vers quatre heures, mon père rentra. Il dit que le prêtre de Cologne était descendu chez M. le curé de Munster, et ce fut tout.

« Cette année-là, le printemps revint comme à l'ordinaire. Le soleil, au bout de cinq grands mois, fit fondre les neiges, et sécha notre plancher humide. On sortit la vache et la chèvre ; on vida l'étable, on renouvela l'air. En conduisant les bêtes à la pâture, en faisant claquer mon fouet, je fis résonner les échos de mes cris joyeux. Les bruyères refleurirent, et le grand ouragan fut oublié.

II

« Plusieurs années s'étaient écoulées, le grand-père Yéri était mort, et mon père m'avait envoyé dans la basse Alsace, apprendre le métier de sculpteur chez mon oncle Conrad, à Vettenheim. J'approchais de quinze ans et je commençais à me croire un homme. C'était au temps où tout le monde portait le bonnet sang-de-bœuf et la cocarde tricolore ; où l'on partait par centaines, en pantalons de toile grise, le fusil sur l'épaule.

« Je me rappelle qu'en ce temps-là, deux régiments se formaient à Strasbourg, et qu'il fallait des enfants pour battre la charge, parce que les hommes voulaient tous avoir le fusil. Cinq garçons se présentèrent à Vettenheim ; j'étais du nombre ; on tira pour savoir qui partirait. C'est notre voisin, le petit Fritzel, qui partit, et tout le village cria qu'il avait gagné. Maintenant on a gagné quand on reste.

« En même temps, l'abbé Schneider exterminait les curés, les moines et les chanoines en Alsace. On ne voulait plus reconnaître que la déesse Raison et les Grâces.

« Un matin, j'étais en train de dégrossir une pierre dans notre atelier, qui donnait sur la petite place de la fontaine ; mon oncle Conrad fumait sa pipe sur la porte, et la tante Grédel balayait les copeaux dans l'allée.

« Il pouvait être dix heures, lorsqu'il se fit un grand tumulte au dehors ; les gens couraient devant la maison, d'autres traversaient la petite place ; d'autres, en suivant la foule, demandaient :

« — Qu'est-ce qui se passe ? »

« Naturellement je sortis pour voir la chose, et j'étais encore dans l'allée, que le trot de plusieurs chevaux, un cliquetis de sabres, le roulement sourd d'une grosse charrette se firent entendre au loin ; puis le son d'une trompette éclata dans le village.

« Au même instant, un peloton de hussards débouchait sur la place ; ceux de devant, le pistolet armé en l'air, et les autres le sabre au poing. Plus loin venait, sur un cheval noir, un gros homme, en habit bleu, à revers rabattus sur la poitrine, le grand chapeau à claque, surmonté de plumes tricolores, en travers de la tête, l'écharpe autour de la panse et le sabre de cavalerie ballottant contre la botte. Derrière lui s'avançait, cahotant sur le pavé, une grande voiture attelée de chevaux gris et pleine de poutres rouges.

« Le gros homme à plumes riait, pendant que les gens, tout pâles, s'aplatissaient le dos au mur, la bouche ouverte et les bras pendants. Du premier coup d'œil, je reconnus le prêtre que nous avions sauvé des neiges !

« Quelques farceurs, pour se donner l'air de n'avoir rien à craindre, criaient : « Voici le citoyen Schneider qui vient écheniller les environs de Vettenheim. Gare aux aristocrates ! » D'autres chantaient, en faisant des grimaces :

« Les aristocrates à la lanterne ! »

« Ils levaient les bras et les jambes en cadence ; mais cela ne les empêchait pas d'avoir le ventre serré comme tout le monde et de rire jaune.

« En face de la fontaine, le cortège s'arrêta ; Schneider, levant le nez, regarda tout autour de la place les hauts pignons avec leurs toits pointus, les figures innombrables qui se pressaient dans les lucarnes, et les petites niches, d'où l'on avait ôté les saintes vierges depuis longtemps.

« — Quel nid de punaises ! — cria-t-il au capitaine de hussards, — quel nid de punaises ! Nous allons avoir de l'ouvrage ici pour huit jours. »

« En entendant cela, l'oncle Conrad me prit par le bras en disant :

« —Rentrons, Friederich, rentrons! Il n'aurait qu'à nous choisir à vue de nez? C'est terrible! »

« Il tremblait sur ses jambes. Moi, je sentais le frisson s'étendre le long de mon dos.

« Comme nous rentrions dans l'atelier, je vis la tante Grédel qui priait, tout haut, les mains jointes. Je n'eus que le temps de la pousser dans la cuisine et de fermer la porte; avec sa dévotion, elle pouvait nous faire guillotiner tous.

« Alors l'oncle et moi nous regardâmes par les petites vitres. La foule chantait toujours dehors :

« Ça ira! les aristocrates à la lanterne! »

comme ces cigales, qui chantent lorsque l'hiver approche, et que la première gelée doit roussir.

« Bien des gens étaient debout devant la fenêtre ; par-dessus leurs épaules et leurs têtes, on voyait les hussards, le citoyen Schneider, la fontaine et la haute voiture. Deux grands gaillards étaient en train de décharger les poutres; ils avaient des mines honnêtes; l'aubergiste Rœmer leur passait une bouteille d'eau-de-vie; et un petit homme sec, pâle, faible comme une allumette, le nez long, la figure en lame de rasoir, vêtu d'une petite blouse rouge serrée aux reins, surveillait l'ouvrage. Il avait l'air d'un véritable Hans-Wurst[1] ; mais Dieu nous préserve d'un Hans-Wurst pareil : c'était le bourreau!

« Tandis que ces choses se passaient sous nos yeux, le maire Rebstock, un honnête vigneron, grave, large des épaules, et le grand tricorne sur la nuque, s'avançait à travers la place.

« Tous les *tridi* et les *sextidi*, Rebstock réunissait les enfants du village dans l'église, et leur apprenait le catéchisme républicain. C'était un homme rempli de bon sens; il s'attendait à recevoir la visite de Schneider, et s'était fait faire une veste avec le voile du tabernacle, pour attendrir le mauvais gueux.

« Comme il s'approchait, Schneider se penchant sur le cou de son cheval, s'écria :

« —Voici le pressoir, où sont les raisins?

« —Quels raisins, citoyen Schneider?

« —Les aristocrates.

« —Il n'y en a pas ici, nous sommes tous de bons patriotes.

« La figure de Schneider devint terrible; je crus le voir encore une fois arracher son rouleau de papiers du feu. »

[1] Polichinelle.

« —Tu mens! s'écria-t-il, tu en es un toi-même. Qu'est-ce que cet or et cet argent sur tes habits, quand la République n'a pas de quoi nourrir ses enfants?

« Ça, citoyen Schneider, c'est le voile du tabernacle. Je l'ai mis sur mon dos, pour exterminer l'hydre de la superstition. »

« Alors, Schneider partit d'un éclat de rire, en criant :

« —A la bonne heure! à la bonne heure! Mais rappelle-toi bien, il doit y avoir tout de même des aristocrates par ici!

« —Non, ils se sont tous sauvés. Nos garçons vont les chercher à Coblentz, et nos enfants battent la charge.

« —Nous verrons ça, dit Schneider. Tu m'as l'air d'un vrai patriote. Ton idée de tabernacle me plaît. Nous allons dîner avec toi. C'est bon! ha! ha! ha!

« Il se tenait le ventre à deux mains.

« Tous les hussards dînèrent chez le maire, avec Schneider. On fit une réquisition exprès dans le village, et chacun donna ce qu'il avait de meilleur.

« Le lendemain, Schneider alla voir le club; il entendit les enfants réciter en chœur les Droits de l'homme.

« Tout se serait bien passé. Malheureusement, un ancien sonneur de cloches, qui se croyait aristocrate, s'était caché dans le grenier de l'auberge du Lion-d'Or; les hussards, en cherchant quelques bottes de foin, le dénichèrent, et l'on voulut savoir pourquoi ce pauvre diable se cachait.

« Schneider apprit qu'il avait sonné les cloches, et le fit guillotiner, pendant qu'on était encore à table. Ce fut un véritable chagrin pour Rebstock; mais il n'osa rien dire, de peur d'être guillotiné lui-même.

« Schneider s'en alla le jour même, à la grande satisfaction de tout le village.

« Voilà comment je reconnus le bon apôtre, et j'ai souvent pensé depuis que si mon père avait su ce qui devait arriver plus tard, il l'aurait laissé périr dans la Schloucht.

« Quant au vieux maire de Vettenheim, on ne lui pardonna jamais de s'être fait faire une veste avec le voile du tabernacle; et les vieilles commères surtout, qu'il avait empêchées par ce moyen d'être guillotinées, s'acharnèrent à le maudire, ce qui lui fit le plus grand tort.

« Un jour que je causais avec lui dans les vignes, et que nous parlions de cette histoire, il se mit à sourire tristement et dit :

« —Si pourtant je leur avais laissé couper le cou, ces bonnes âmes seraient dans la hotte de Schneider, avec le voile du tabernacle. Je

Les bruyères refleurirent. (Page 78.)

n'aurais pas de reproche à me faire; j'aurais été lâche comme tout le monde. »

« Alors je pensai :

« —Ce pauvre vieux Rebstock a raison. Sauvez donc les gens, pour que les uns vous maudissent, et que les autres vous guillotinent! Ce n'est pas encourageant! Si les hommes ne faisaient pas ces choses par charité chrétienne, ils seraient vraiment très-bêtes. C'est triste à dire, mais c'est la vérité !»

FIN DU CITOYEN SCHNEIDER.

J. HETZEL et Cie, Éditeurs, 18, rue Jacob, Paris.

ŒUVRES ILLUSTRÉES DE VICTOR HUGO

LES MISERABLES. Édition illustrée par BRION. — Prix relié 17 fr. — Toile 15 fr. — Broché... 12 »

Romans :
Édition illustrée par BRION, GAVARNI, BEAUCÉ, GÉRARD SEGUIN et RIOU.

- NOTRE-DAME. — Prix broché... 4 »
- HAN D'ISLANDE. — Prix broché... 2 85
- BUG-JARGAL. — Prix broché... 1 35
- DERNIER JOUR D'UN CONDAMNÉ. — CLAUDE GUEUX. — Prix broché... 1 15
- Réunis en un volume grand in-8.—Prix relié 14 fr. Toile 12 fr. — Broché... 9 »

Théâtre :
Édition illustrée par BEAUCÉ, NANTEUIL et RIOU.
- CROMWELL... 1 80
- RUY-BLAS... » 75
- MARION DELORME... » 75
- MARIE TUDOR. — LA ESMERALDA... » 75
- HERNANI... » 75
- LE ROI S'AMUSE... » 75
- ANGELO... » 75
- LES BURGRAVES... » 75
- LUCRECE BORGIA... » 60
- Réunis en un volume in-8. — Prix relié 11 fr. — Toile 10 fr. — Broché... 7 »

Poésies :
Édition illustrée par BEAUCÉ, E. LORSAY et GÉRARD SEGUIN.
- ODES ET BALLADES... 1 80
- VOIX INTERIEURES. — RAYONS ET OMBRES... 1 35
- ORIENTALES... » 75
- FEUILLES D'AUTOMNE. — CHANTS DU CREPUSCULE... 1 35
- Réunis en un volume grand in-8.—Prix relié 9 fr. Toile 7 fr. 50. — Broché... 4 50
- LES CHATIMENTS, illustrés par Th. SCHULER, 10 c. le numéro. 3 séries à 50 c. L'ouvrage complet.... 1 30
- TRAVAILLEURS DE LA MER. Ed. ill. par CHIFFLART.— Gr. in-8.— Prix rel. 8 fr. —Toile 6 fr.— Br. 4 » Se vend aussi en trois séries à 1 fr. 20 et une à 60 c.
- RHIN. Édition illustrée par BEAUCÉ et LANCELOT. — Gr. in-8.— Prix rel. 9 fr. —Toile 7 fr. 50.— Br. 4 50

Œuvres poétiques elzéviriennes :
Sur papier vergé de Hollande, ornées par FROMENT.
- ODES ET BALLADES... 1 vol... 7 50
- ORIENTALES... 1 vol... 4 »
- FEUILLES D'AUTOMNE... 1 vol... 4 »
- CHANTS DU CREPUSCULE... 1 vol... 4 »
- VOIX INTERIEURES... 1 vol... 4 »
- RAYONS ET OMBRES... 1 vol... 4 »
- CONTEMPLATIONS... 2 vol... 15 »
- LEGENDE DES SIECLES... 1 vol... 7 50
- CHANSONS DES RUES ET DES BOIS... 1 vol... 7 50

Volumes in-18, sans gravure, à 2 fr.
- NAPOLÉON LE PETIT. 1 vol. in-18... 2 »
- LES CHATIMENTS. 1 vol. in-18... 2 »

ŒUVRES ILLUSTRÉES DE JULES VERNE

Voyages extraordinaires couronnés par l'Académie française :
- AVENTURES DU CAPITAINE HATTERAS. Édition illustrée par RIOU. — 1 vol. grand in-8 relié 12 fr. — Toile 10 fr. — Broché... 7 »
- VOYAGE AU CENTRE DE LA TERRE. Ed. ill. par RIOU. — 1 vol. in-8, toile 7 fr. — Broché 4 »
- CINQ SEMAINES EN BALLON, Edition illustrée par RIOU. — 1 vol. in-8, toile 7 fr. — Broché... 4 »
- Ces deux ouvrages sont réunis aussi en un seul volume gr. in-8; relié 12 fr. — Toile 10 fr. — Broché. 7 »
- DE LA TERRE A LA LUNE. Édition illustrée par DE MONTAUT. — 1 vol. in-8, toile 7 fr. — Broché 4 »
- AUTOUR DE LA LUNE. Ed. ill. par DE NEUVILLE et E. BAYARD. — 1 vol. in-8, toile 7 fr. — Br. 4 »
- Ces deux ouvrages sont réunis aussi en un seul vol. grand in-8. — Relié, 12 fr. — Toile, 10 fr. — Br. 7 »
- UNE VILLE FLOTTANTE. Edition illustrée par FÉRAT. 1 vol. in-8. — Toile, 7 fr. — Broché... 4 »
- AVENTURES DE 3 RUSSES ET DE 3 ANGLAIS. Édition illustrée par FÉRAT. — 1 vol. in-8. — Toile, 7 fr. — Broché... 4 »
- Ces deux ouvrages sont réunis aussi en un seul vol. grand in-8. — Relié 12 fr. — Toile 10 fr. — Br. 7 »
- LES ENFANTS DU CAPITAINE GRANT. Édition illustrée par RIOU. — 1 vol. gr. in-8, relié 14 fr. — Toile 12 fr. — Broché... 9 »
- VINGT MILLE LIEUES SOUS LES MERS. Édition illustrée par DE NEUVILLE. — 1 vol. gr. in-8, relié 12 fr. — Toile 10 fr. — Broché... 7 »
- LE TOUR DU MONDE EN 80 JOURS. Édition illustrée par DE NEUVILLE et BENETT. — 1 vol. in-8. — Toile, 7 fr. — Broché... 4 »
- LE DOCTEUR OX. Édition illustrée par SCHULER, BAYARD, MARIE, BERTRAND et FROELICH. — 1 vol. in-8. — Toile 7 fr. — Broché... 4 »
- Ces deux ouvrages sont réunis aussi en un seul volume grand in-8. — Relié 12 fr. — Toile 10 fr. — Broché... 7 »
- LE PAYS DES FOURRURES. Édition illustrée par FÉRAT et DE BEAUREPAIRE. — 1 volume in-8. — Relié 12 fr. — Toile 10 fr. — Broché... 7 »
- LE CHANCELLOR. Édition illustrée par RIOU et FÉRAT. — 1 vol. in-8. — Toile 7 fr. — Broché. 4 »
- L'ILE MYSTÉRIEUSE. Édition illustrée par FÉRAT. — 1 vol. gr. in-8. — Rel. 14 fr. — Toile 12 fr. — Br. 9 »
- MICHEL STROGOFF. Illustrations par FÉRAT. — 1 vol. in-8. — Relié 12 fr. — Toile 10 fr. — Broché 7 »

Tous ces ouvrages se vendent aussi en séries.

ŒUVRES ILLUSTRÉES D'ERCKMANN-CHATRIAN

Romans Nationaux :
Édition illustrée par TH. SCHULER, RIOU et FUCHS.
- LE CONSCRIT DE 1813... 1 40
- MADAME THÉRÈSE... 1 40
- L'INVASION... 1 60
- WATERLOO... 1 80
- L'HOMME DU PEUPLE... 1 70
- LA GUERRE... 1 40
- LE BLOCUS... 1 60
- Ces 7 ouvrages réunis en 1 vol. grand in-8 : Prix relié 15 fr. — Toile 13 fr. — Broché... 10 »
- Réunis en 2 vol. grand in-8 : Première partie. — LE CONSCRIT. — MADAME THÉRÈSE. — L'INVASION. — WATERLOO. — Prix relié 10 fr. — Broché. 5 50
- Deuxième partie. — L'HOMME DU PEUPLE. — LA GUERRE. — LE BLOCUS. — Prix relié 9 fr. — Broché. 4 50

Romans Populaires :
Édition illustrée par BAYARD, BENETT, GLUCK et TH. SCHULER.
- MAITRE DANIEL ROCK... 1 20
- L'ILLUSTRE DOCTEUR MATHÉUS... 1 40
- HUGUES LE LOUP... 1 40
- CONTES DES BORDS DU RHIN... 1 30
- JOUEUR DE CLARINETTE... 1 60
- MAISON FORESTIERE... 1 20
- L'AMI FRITZ... 1 50
- LE JUIF POLONAIS... 1 30
- Ces 8 ouvrages réunis en 1 vol. grand in-8 : Prix relié 15 fr. — Toile 13 fr. — Broché... 10 »
- Réunis en 2 vol. grand in-8 : Première partie. — DANIEL ROCK. — MATHÉUS. — HUGUES LE LOUP. — CONTES DES BORDS DU RHIN. — Pr. rel. 9 fr. 50. — Br. 5 »
- Deuxième partie. — JOUEUR DE CLARINETTE. — MAISON FORESTIÈRE. — L'AMI FRITZ. — JUIF POLONAIS. — Prix relié 9 fr. 50. — Broché... 5 »
- HISTOIRE D'UN PAYSAN. Ed. ill. par TH. SCHULER. — 1 vol. gr. in-8, relié 12 fr. — Toile 10 fr. — Br. 7 »
- Cet ouvrage se vend aussi en séries : 2 séries à 1 fr. 75. 1 série à 2 fr. et 1 série à 1 fr. 90.
- HISTOIRE DU PLEBISCITE. Édition illustrée par TH. SCHULER. — Prix... 2 »
- HISTOIRE D'UN SOUS-MAITRE. Édition illustrée par TH. SCHULER. — Prix... 1 30
- LES DEUX FRERES. Ed. ill. par TH. SCHULER. — Pr. 1 50
- LE BRIGADIER FREDERIC. Édition illustrée par TH. SCHULER. — Prix... 1 20
- UNE CAMPAGNE EN KABYLIE. Édition illustrée par TH. SCHULER. — Prix... 1 40
- MAITRE GASPARD FIX. Édition illustrée par SCHULER. — Pr. 2 »
- Ces 6 ouvrages réunis en un seul volume grand in-8 : Relié 14 fr. — Toile 12 fr. — Broché... 9 »

Paris. — Imp. Gauthier-Villars, 55, quai des Grands-Augustins.

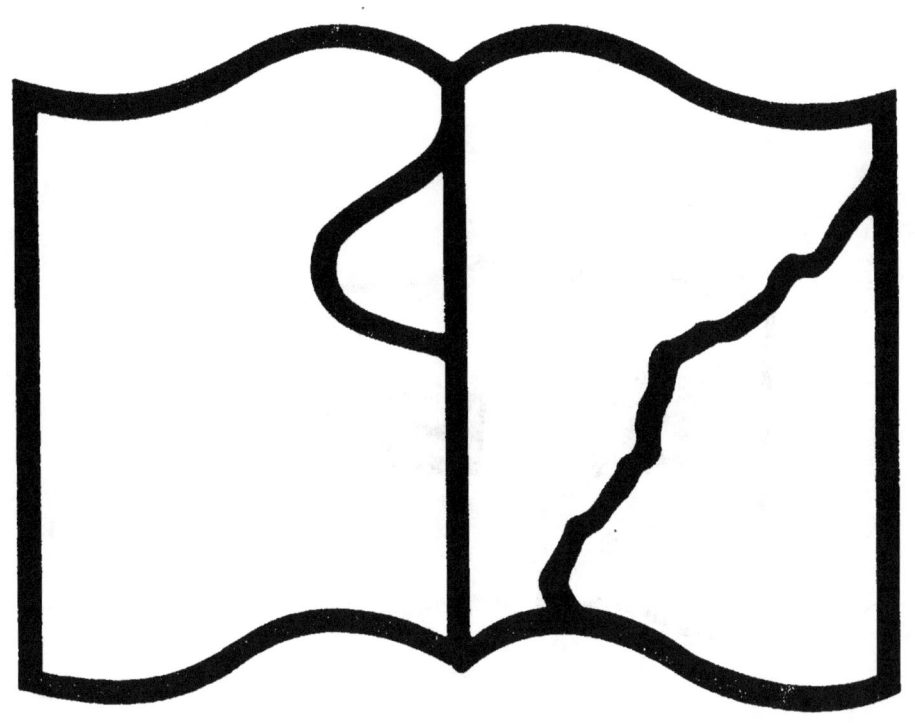

Texte détérioré — reliure défectueuse
NF Z 43-120-11

Contraste insuffisant
NF Z 43-120-14

www.ingramcontent.com/pod-product-compliance
Lightning Source LLC
LaVergne TN
LVHW050613090426
835512LV00008B/1462